人生生涯 小僧のこころ

大峯千日回峰行者が
超人的修行の末に
つかんだ世界

Ryojun
Shionuma
塩沼亮潤

致知出版社

人生生涯小僧のこころ＊目次

プロローグ　なぜ千日回峰行をはじめたのか

第一章　千日回峰行とはどういうものか

第二章　私を行に向かわせたもの

第三章　千日回峰行までの道のり

第四章 心を磨く千日回峰行

第五章　いつも次なる目標に向かって

第六章　流れの中で　ありのままに

エピローグ　人生生涯小僧のこころ

カバーデザイン　川上　成夫
編　集　協　力　柏木　孝之

プロローグ　なぜ千日回峰行をはじめたのか

長い旅のはじまり

人と人、心と心が通じ合ったときの喜びとは、人生最大の喜びといえるのではないでしょうか。この喜びを求め、人生の曲がりくねった道を試行錯誤しながら、人それぞれの旅を続けているのだと思います。

そんな中で私が出会った大峯千日回峰行《おおみねせんにちかいほうぎょう》という人生の通過点をこれから振り返ってみたいと思います。

平成三年五月三日午前零時、死出《しで》の旅を意味する真っ白の死出装束《しでしょうぞく》に身をつつみ、

凛《りん》とした空気の蔵王堂《ざおうどう》で、本尊・蔵王《ざおう》大権現《ごんげん》に
「大峯千日回峰に入行させていただきます。必ず歩き通します」

と心の中で誓いを立てました。足掛け九年に及ぶ長く厳しい行がいよいよはじまりました。おそらくこれから待ち受けるであろう困難に対し、何の不安の欠片《かけら》もありませんでした。奈良県吉野山の金峯山寺《きんぷせんじ》蔵王堂から大峯山《おおみねさん》と呼ばれる山上ヶ岳《さんじょうがたけ》までの往復四十八キロ、高低差千三百メートル以上の山道を十六時間かけて一日で往復し、合計四万八千キロを歩き続けるという修行です。

危険はいたるところにあります。一瞬一瞬が気を抜けません。一歩足の置き場を誤れば、崖《がけ》から転落し命を落とすかもしれません。またマムシに咬《か》まれたらその時点で行は終わりです。熊や猪と鉢合わせになることもあります。強風にあおられ、大雨に打ちつけられ、逃げ場のない場所で雷雲の中に入ってしまうこともあります。

しかし、すべてはお山の中で起きること。大自然を相手に愚痴《ぐち》をこぼしても仕方のないことです。すべてを受け入れるしかありません。

どんなに追い込まれても決して受け身にならずに立ち向かわなくてはなりません。一瞬たりとも油断のできない大自然との闘《たたか》いでありますし、自分自身との闘いでもあります。いつも自分の百パーセントの力を出しきって立ち向かわなければ、決して歩き続けることはできません。ほんのわずかな油断、過信は死を意味します。

夜、十一時半に目を覚ますとすぐに滝場に向かいます。気合を入れて滝に入り身を清め、ここから一日の行がはじまります。膝《ひざ》が痛くて歩けない日もあれば、三十九度を超える熱が出る日もあります。しかし、体がどんなに最悪な状態であったとしても、決められた期間中は絶対に歩き通さなければなりません。

この行には、たったひとつだけ掟《おきて》があります。それは、いったん行に入ったなら、決して途中で行をやめることはできないということです。足の骨を折っても、不慮《ふりょ》の事故に遭《あ》っても、決してやめることはできない、後戻りができないということです。万が一この行を途中でやめるときには、「神さま仏さま申しわけございませんでした。千日間歩き通しますと申しておりましたが、自分の不徳によって途中でやめざるを得ません」と神仏にお詫《わ》びをして、左腰に携《たずさ》えている短刀で自分自身の腹をかき切って自害するか、あるいは死出紐《しでひも》という紐を木に結び付けて首をくくって命を絶《た》たなくてはならない、厳しい掟であります。文字どおり、命懸けの行です。

そんな過酷な行の中でも、心の中には不安や恐れは一切ありませんでした。それどころか、朝、目を覚ますと、今日はいったいどんな日になるのだろうかと楽しみでした。

何が起ころうと絶対に挫《くじ》けない、徹底的に前向きに一切の妥協を捨てて行に向かう気持ちはどこから湧《わ》いてくるかといいますと、それは行を振り返ったときに決して後悔したくないという心が強かったからだと思います。それとともに、心の中で神仏に対するある願いがあり、ただただただひたすらに前を向いて歩き続けました。ただそれだけだったと思います。

ひたすらに歩いた日々

行に入りますと、毎日が想像を絶する苦難の日々でした。体の調子が良いか悪いかではなく、悪いか最悪か。しかし、行じるたびに行の奥深さを知り、涙するごとに御《み》仏《ほとけ》や大自然のやさしさを知りました。行じて行じゆけども行に終わりはなく、自分の心の足りなさに涙する日々でした。

お山はいろんなことを教えてくれたような気がいたします。朝になれば東の空からお天道《てんとう》さまが昇り、やがて夕方になりますと必ず西の空に沈んでいきます。天から落ちてくる雨は地に降り注ぎ、そして川を流れる水は高いところから低いところへ滔々《とうとう》と流れていきます。春から夏になり、そして秋を迎え、やがて寒い冬を越え、また春がめぐってまいります。

大自然にはひとつの方向へ流れる一定の決まりごとがあるんだなぁということに気がつきます。

すべてのものは、大自然の中でみんなつながっていて、そして日々移りゆく縁の中で生かされております。縁によってこの世に生まれ、縁によって喜び、またその縁によって苦しみ、悲しむときもあります。まるで苦海の中でもがき苦しみ、憂《うれ》えている自分がいたような気がいたします。

頭ではわかっています。人は決して一人では生きていけない、いろんな人とのかかわりあいによって私たちは生かされている、そして出会いと別れを繰り返しているんだと。でも、良い出会いも悪い出会いも、すべてのご縁に対して感謝できる自分であったかというと、決してそうではありませんでした。しかし、そんな自分が嫌で変わりたいと思っても、人はなかなか変われるものではありませんでした。

誰ひとりとして頑張っていない人はいないと思います。自分なりに何とか変わろうと、みんな頑張っています。もちろん私自身もそうでした。変わりたい、変わりたい。自分の短所は自分でよくわかります。しかし、変わりたいと思っても、なかなか変われない自分があるわけです。

人は勝手なものです。趣味やスポーツなどで「あなたのここがおかしいよ。体のこをもうちょっとまっすぐにして」と指摘されれば、すぐに調整して直します。そういう趣味嗜好《しこう》の合ったものには進んで従うものです。しかし「なんであなたはもっとみんなの言うことを大らかに聞けないの」「なんでそうやって暗くなるの」というように自分の心の内面的な部分を指摘されますと、「もう何も言わないで!」と、すぐに心のシャッターを閉めてしまいます。

それではいけないと思っていても、自分の心の中には善い自分と悪い自分がいます。善い心と悪い心がありますが、悪い心も自分の心の一部です。人から否定されれば、どうしても「もう言わないで！」と心を閉ざしてしまいます。

これが「我《が》」というものなのだと思います。自分を大切にするのと同じように人を大切にする。どんな人をも受け入れる心があってはじめて皆さんから受け入れてもらえます。神さま仏さまは天からすべて見ています。いくら神仏に手を合わせていても、自分にとって都合のいい人には笑顔、気に入らない人にはそうでないのは、正しい行いではありません。人を批判せず、自らを悔い、「心から受け入れられなくてごめんね。いつかきっと受け入れられるよう努力するからね」と祈る心を持つこと、これが私の行の中での最大のテーマでした。

あるお坊さんから「阿闍梨《あじゃり》さんはいいですね。大きな行をされて、本当にお坊さんとして素晴らしい人生を歩んでおられますね」「そんな行をされてお坊さん冥利《みょうり》につきますね」と言われたことがあります。

確かに私は世界一の幸せ者です。しかし、「いいですね」と言われる場面だけではありませんでした。千日回峰行を振り返りましても、「千日回峰行よく頑張りましたね」と注目される日は千日のうちのたった一日、満行式《まんぎょう》のときだけです。あとの九百九十九日は、暑い、寒い、痛い、苦しい……。毎日が生き地獄のような日々でした。決して楽なものではありません。誰もいない山中にてどれほどの涙が頬《ほお》を伝ったことでしょうか。しかし、それは自分だけではありません。今日に至るまで多くの修験者《しゅげんじゃ》たちが流された血と涙と汗の土台の上に自分があり、同じように血と汗と涙を修行の道に滲《にじ》ませることができましたことは、行者として光栄に思います。

四万八千キロ歩かせていただき、皆さんに「よく頑張りましたね」と迎えていただく距離は最後の数百メートル、あるいは数十メートルだけです。誰にもわからないように、いつも元気なふりをして笑ってましたが、舞台裏はいつも大変でした。山があれば谷があるように、ひとつの壁を乗り越えるとまた次の壁がありと、常に神さま仏さまが私を成長させてくれるために試練というプレゼントを天から下してくれました。

しかし、ただひとつだけ胸を張って言えるのは、どんなに辛《つら》くても苦しくても、「嫌だな、行きたくないな」

という日はたった一日もなかったということです。

行とは冒険でもなければ探検でもありません。大切なのは、いかに功績をあげるかではなく、後悔を残さないように日々丁寧に根気よく、心を込めて神仏との絆《きずな》をいかに深めていくか。ただそれだけを念じて一日一日を惜しむように積み重ねてきました。

縁に導かれて

世の中には「結果がすべてだ」という場合もあれば、「結果よりもプロセスが大事だ」といわれる場合もあります。

良い行になるかならないかというのは、行がはじまる寸前、たとえば「位置について、ヨーイ、ドン」の「ヨーイ」の時点でいかに精神面での安定した高まりがあるかどうか、また、天を衝《つ》くような高い目標があるかどうかで決まるように思います。もちろん行がはじまってからも努力は続きますし、努力した分だけ精神的なものは高まってはきますが、行に入る前の心、これがすべてを左右するような気がいたします。もし自分の設定した目標が低ければ、痛いとき、苦しいときにすぐに妥協してしまうかもしれません。逆に、自分の心を磨きたい、何かを少しでも学びたいという気持ちがより高ければ、神仏はそれに見合った試練をたくさんプレゼントしてくれます。

よく「行のきっかけは?」と聞かれます。今でもなぜかはわかりませんが、子どもの頃に「世の中が少しでも良くなったらいいのになぁ」「みんなの苦しみがなくなったらいいのになぁ」と考えていたことがありました。すでに小学校の頃から、そういう気持ちが自分の心の中に少しずつ芽生《めば》えておりました。それはおそらく、自分を取り巻く家庭環境の影響があったのだろうと思います。

あまり恵まれてはいない家庭でしたが、そんな中で母や祖母が毎日神棚や仏壇に手を合わせて、今日も一日よろしくお願いします。という一日から始まりました。昔はどの家庭でもあった心の信仰です。こうした背景のもと、世の中を救いたい、世のため人のために働きたいという思いが少しずつ強くなっていったのではないかと思っております。

そんなとき、たまたまテレビで比叡山《ひえいざん》千日回峰行者の酒井雄哉《ゆうさい》阿闍梨さまのお姿を拝見したことがきっかけとなり、「千日回峰行者になりたい」という具体的な目標が定まりました。それが行をはじめようと考えるにいたった、偽《いつわ》らざる理由です。

しかし、そういう思いを抱いて吉野山に小僧として入ったものの、いろいろな行をさせていただいているうちに自分の愚《おろ》かさに気づきました。

「人が人を救えるわけがない。人を救うのは神さま仏さまだ。世の中を救いたいとか人を救いたいとか、そんな大それたことは口に出して言うものじゃないな」と。

ある日そんな話を師匠にさせていただくと、師匠は「坊さんが世の中を救うとか人を救うとか軽々しく口にするものじゃないなぁ」とおっしゃられ、それからは自分でも「世のため人のため」とあまり口にしなくなりました。ただ、口にこそ出しませんでしたが、千日回峰行を行じたいと考えた純粋なる私の動機は、少しでも皆さんのためにお役に立てればという心がとても強かったことにあると思います。

行の間、どんな苦しみに遭っても、どんな辛いことに遭っても、妥協せずそれを乗り越えることのできた力の源は、どんなに苦しくても自分よりもっと苦しんでいる人が世の中にはたくさんいるという思いでした。そうした人たちのことを思うと、どんな困難も乗り越える勇気が湧いてきました。おそらく自分がお山を歩いたところで何のお役にも立ってはいないでしょうが、ただ、これが正直な気持ちであり、「みなさまのお役に立ちたい」というのが心の中で神仏に誓った自分の誓願《せいがん》でありました。

なぜそういうふうに思うようになったのかというのは、正直なところ、わかりません。あえて言葉にするとすれば、これが縁とか定めとかいうものなのかもしれません。そういう縁に導かれて、気がついたら、いつの間にか行者になっておりました。

いつも思いますが、行と言っても三度三度のご飯があり、寝るところもあり、お布《ふ》団《とん》もある生活です。今、このときもご飯すら食べられずに困っておられる方がたくさんいる中で、私のような恵まれた者が辛いとか苦しいとかいったお話をさせていただくことを心苦しく思います。

お山ばかり歩いておりました。仏教学などという難しいことはあまり頭の中に詰め込んではおりませんが、開祖や今まで頑張られた行者さん方に負けないようにと思い、日々努力を積み重ね、実践し、失敗し、反省し、また祈り、行を続けてまいりました。しかし、厳しい行を終えて思うのは、おそらく人生最期の一息まで行の途上であり、私の努力の旅路はまだまだ続きそうです。

「苦と思えば苦、楽と思えば楽」

苦しさの中にも喜びがあったり、楽しいときでも涙したりと、お山の天気のように人の心はいつも変化しています。実に不可思議なものであります。人は、人生の中のあらゆる問いに対して、「なぜ?」とすぐに答えを求めたがりますが、神仏はなかなかすぐには答えを教えてくれません。

前を向いて笑って感謝して、明るく元気に頑張って生きていれば、人生良いことも悪いことも半分半分です。決まっていることなどないのだと思います。明日の天気もわかりません。雨降れば雨、風吹けば風。与えられた今日一日という出会いの中で恨みや憎しみや愚痴を少しずつ少なくして、なるべく皆さんにご迷惑がかからないようにと心がけて、今日も大自然の中の一員として人生の旅を続けるだけです。

この旅がいつ終わるのか、あるいは新しく次の世といわれる旅がはじまるのかは誰に聞いてもわかりませんが、今このように生かされているという現実に感謝し、日々を大切に生きていきたいと願っております。

第一章

千日回峰行とはどういうものか

大峯千日回峰行の歴史

私がご縁をいただきました吉野の金峯山寺《きんぷせんじ》の開創は、今から約千三百年前にさかのぼります。天武天皇の元年に役行者《えんのぎょうじゃ》によって創立されました。西暦では六七三年になります。

鎌倉時代末期に書かれたとみられる『金峯山創草記』によりますと、天智天皇の白鳳《はくほう》十年正月八日に役行者がはじめて金峯山に登攀《とうはん》されたとされています。役行者三十八歳のときです。役行者はこの金峯山の山上、大峯山《おおみねさん》において「五濁悪世《ごじょくあくせ》、末法の世を救うにふさわしい本尊《ほんぞん》さんを何卒《なにとぞ》この世に出現させてください」との御誓願《ごせいがん》のもと、千日間の難行苦行《なんぎょうくぎょう》をされたそうです。

大峯山は、奈良の吉野山からさらに奥に聳《そび》えるお山ですが、役行者はそのお山において木の実を食し、木の葉を身にまとって言うに言われぬ苦しい修行をされ、その満願の日に衆生済度《しゅじょうさいど》の御本尊として御感得《ごかんとく》されたのが「金剛蔵王大権現《こんごうざおうだいごんげん》」であります。

吉野山の蔵王堂

それは天地晦冥《かいめい》の中、山頂の盤石《ばんじゃく》を鳴動させて出現されたと伝えられております。その御出現の盤石の上に祠《ほこら》を建ててつくられたのが、山上の蔵王堂であります。役行者はそのお堂と金峯山の山下《さんげ》にあたります吉野山にお堂を建てられ、蔵王権現のお姿を桜の木で彫刻をしてお祀《まつ》りしたのが修験道《しゅげんどう》の発祥《はっしょう》と言われております。吉野山は日本一の桜の名所と言われますが、その桜は蔵王権現に対する信仰の結晶と考えられています。

昔、近畿や東海地方では、戦前までは山上まいりをしなければ一人前の男ではないという風習があったそうです。山上まいりというのは、大峯山の本堂におまいりすることを意味します。大峯山上本堂は山上ヶ岳《さんじょうがたけ》の頂上にあります。金峯山の山上ということで山上ヶ岳と呼ばれております。山上まいりは吉野山の蔵王堂から大峯山の山上ヶ岳まで登り、山上の宿坊で一泊して次の日に帰ってくるというものですが、聞くところによりますと、多いときには一日に千人が大峯山に登拝《とはい》したそうです。

それから時代を経て、また戦争などの影響もあって、だんだん大峯山にまいる人の数も少なくなってきました。特に現代人は足腰が弱くなってしまいましたので、一日で二十四キロもある山道を登るのは大変です。

そういう理由から、今は一般の方はほとんどが洞川《どろがわ》というところから六キロで頂上まで登れるルートを使って大峯参りを行っています。そのため、回峰行者が歩く道で人と出会うことはめったにありません。

千日回峰行は大峯参りの二日分を一日でやるというとても厳しいものです。もともと千日回峰行という行は、比叡山《ひえいざん》の相応和尚《そうおうかしょう》という方が、お堂や仏さまに花をお供《そな》えしながら山を歩いていたのが発祥だと言われています。それがやがて回峰行に発展していったと伝えられてます。

私が千日回峰行という行のあることを初めて知ったのは、先にも述べましたように比叡山《ひえいざん》の酒井阿闍梨《あじゃり》さまの千日回峰行の様子をテレビで拝見したからです。それを拝見して回峰行者になりたいと思ったのですが、私がご縁のありましたのは比叡山ではなく、吉野山でした。

吉野山の回峰行は比叡山の酒井阿闍梨さまの師匠であられます箱崎文應阿闍梨さまが吉野に来られ、五十日の回峰行をされたことがきっかけとなり、はじまりました。そこで私の師匠の五條順教管長猊下《げいか》が比叡山にお願いをされ、次第書（行の作法が書かれた書面）が吉野に伝わり、それから百日回峰行者が出て、千日回峰行へとつながっていきました。また、不思議なことに、五條管長さまが四度加行《しどけぎょう》（三十五日間お堂にこもって、十八道・金剛界・胎蔵界《たいぞうかい》・護摩《ごま》という四つの行を行じること）という行をされたときの指導をされたお方が箱崎文應阿闍梨さまというご縁があります。

回峰行のスケジュール

大峯千日回峰行は、吉野山の金峯山寺蔵王堂をスタートして二十四キロ先にある大峯山の山上ヶ岳頂上まで登り、再び帰ってくる往復四十八キロのコースを行じます。蔵王堂のある場所が標高三百六十四メートル、山上ヶ岳頂上が千七百十九メートルですから、標高差は千三百五十五メートルにもなります。そのため、行のはじまる五月初旬頃には、下では春の暖かさでも頂上付近に行くとまだ雪が残っていて、寒暖の差がかなりあります。

千日回峰行というと、千日間連続して回峰行をするものとイメージされる方が多いと思われますが、そうではありません。山を歩く期間は五月三日から九月二十二日までと決められています。

毎年五月三日には大峯山の「戸開け式」という山開きの儀式が行われ、九月二十三日の早朝に「戸閉め式」が行われます。その戸閉め式から翌年の戸開け式までは山を

大峯山山頂付近から見た眺め

歩くには危険な時期になりますので、その間の約四か月間を目処《めど》に毎年百二十数日を歩くというのが大峯山の千日回峰行の決まりになっています。

また、はじめから千日回峰行に入行《にゅうぎょう》できるわけではありません。まず百日回峰行を行じさせていただき、満行《まんぎょう》しなくてはならないのです。この百日回峰行も行程は千日回峰行と同じですが、百日で七十五往復しかいたしません。

というのは、最初の五十日までは「隔《かく》夜《や》」という行で、吉野山を出発して二十四キロ先の山頂にある宿坊まで歩き、そこで一泊して翌日下りてきます。つまり二日で一往復するわけですから、五十日で二十五往復になります。後半の五十日は一日で一往復しますので、合計では七十五往復になります。百回往復するわけではありませんが、行ずる期間が百日なので、百日回峰行と呼ばれております。

最初の五十日間を二日で一往復にしているのは、それだけ山道が厳しいからです。往復四十八キロという距離、千三百メートル以上という高低差、そして気温の差などを考えますと、最初から一日一往復は健脚《けんきゃく》の人でも、まず不可能に近いからです。そのためはじめの五十日間は、どんなに足腰の強い人でも山頂で一泊するようにと決まっています。その代わりに、この五十日間は笠と杖《つえ》が使えないことになっています。

百日回峰行を満行すると、その翌年以降に千日回峰行に入ることができますが、これは本人が希望し、金峯山寺の管長さまから入行を許され、行がはじまります。また、百日を終えた翌年に千日回峰行に入る場合は、百日の後半五十日分が千日に含められますが、年数を置いてはじめる場合は一日目から数える決まりになっています。

百日回峰行の翌年すぐに千日回峰行に入ったとしても満行までには九年の歳月がか

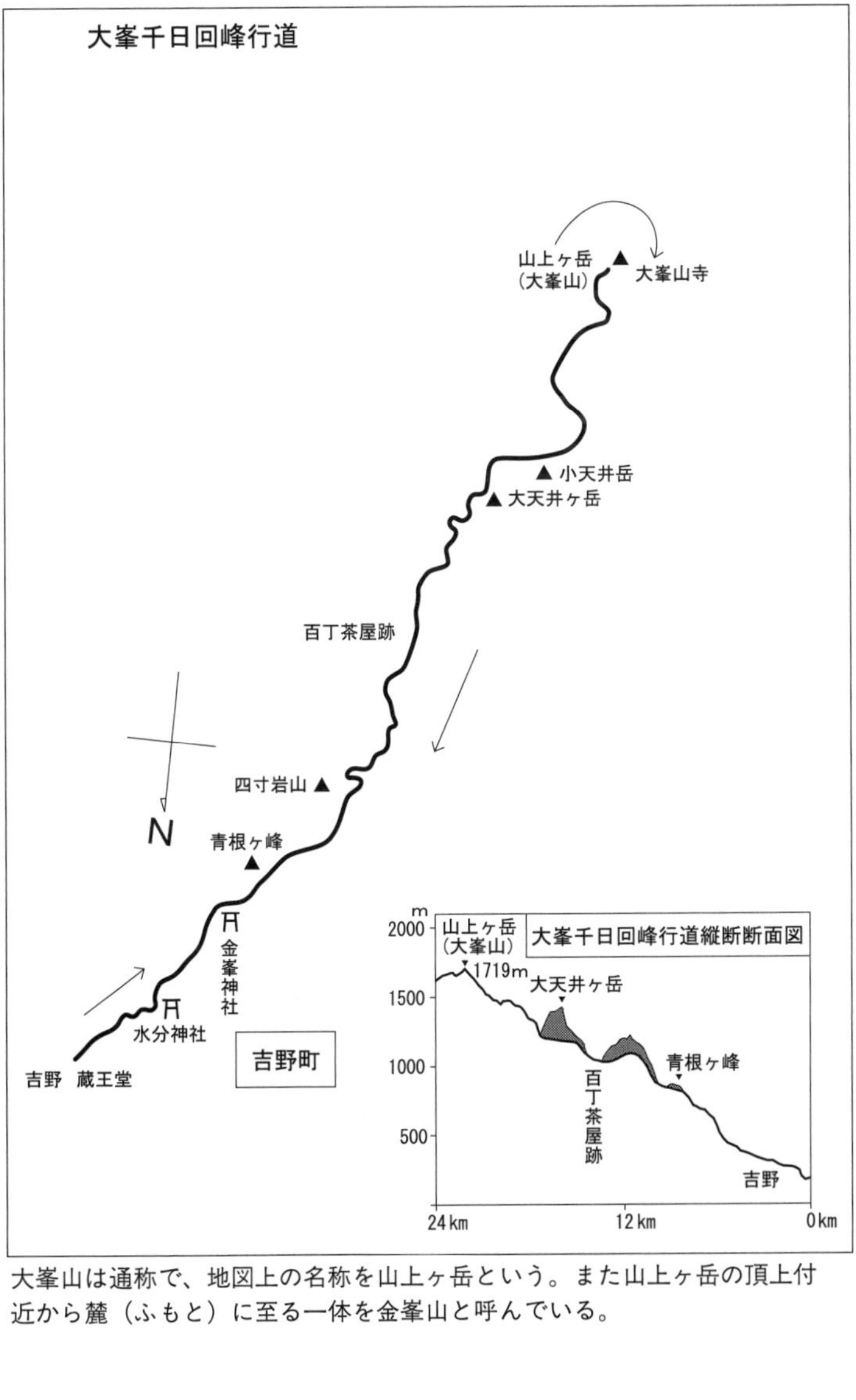

大峯山は通称で、地図上の名称を山上ヶ岳という。また山上ヶ岳の頂上付近から麓（ふもと）に至る一体を金峯山と呼んでいる。

かります。非常に長く、厳しい行なのです。

何ゆえに行ずるのか

ここで行ということについて少し考えてみたいと思います。

百日間、あるいは千日間というある一定の期間を行とする考え方もあれば、人生すべてを行ととらえる考え方もあります。また、自分の成長のために行じるという自利《じり》の行と、みなさんのために行をするという利他《りた》の行とありますように、行にもさまざまなとらえ方があります。

けれども、いろいろな行を行じさせていただきまして、私が今、心の中で最も大事にしていることは、行とは行じるものではなく「行じさせていただくもの」、そして人生とは生きるものではなく「生かされているもの」だという感謝の気持ちです。また、行とは、あるいは人生とは、ひとつひとつの見えない徳を積み上げていくもので行とは行じるものではなく「行じさせていただくもの」
人生とは生きるものではなく「生かされているもの」
行とは、人生とは、ひとつひとつ見えない徳を積み上げていくもの

はないかと思います。

「私は凡人だからなかなかそういうことはできません」と言われる方もおられますが、決してそうではないと思います。お坊さんであっても、一般の生活をされている方であっても、人生の歩みに変わりはありません。この世に生を授かり、成長し、年老いて、やがて次の世に旅立つ日が必ずきます。言い伝えによりますと、あの世には閻魔《えんま》さまというお方がおられるそうで、人間の生前の行いを審判するそうです。凡人だからといって勝手放題した人は当然のことながら閻魔さまから戒《いまし》められるでしょうし、善いことをすれば、胸を張ってその場所を通り過ぎることができると思います。では、お坊さんならば悪いことをしても見逃してもらえるかといえば、悪いことをすればやはり閻魔さまからお叱《しか》りを受けるのではないかと思います。

「凡聖不二《ぼんしょうふに》」という言葉がありますが、私たちはいろんな立場で生活しております。それぞれの違う立場があるがゆえに世の中は成り立っております。みんながみんなお坊さんになり、行をしたら、世の中は成り立ちません。大事なのは、どのような立場にあったとしても、善いことをして悪いことをしないことです。どうやらそれが、この大自然の中の決まりごとのように思います。

一度こんなことを尋ねられました。

千日回峰行という行は苦行ととらえられますが、二千五百年前、お釈迦《しゃか》さまは苦行を否定されました。そのことについて「どう思われますか」と質問されたことがありました。「お釈迦さまは、苦しむだけではいけないと否定されたのに、なぜ千日回峰行のような苦しみの中に、あえて自分を追い込むのですか」と言われたのです。

たぶんお釈迦さまはただ「苦しんだ者が偉い」という考え方を戒められたのではないかと思います。お釈迦さまご自身も大変な苦行をされました。その土台の上に、ある日あるとき、大きな気づきという悟りに出会ったのだと聞いております。

おそらく行というものは、普段私たちが住む世界から、厳しいほうへ厳しいほうへと自分自身を追い込んでいくものなのでしょう。しかし、食べなければいい、飲まなければいいと突き詰めれば、行は死に至ります。お釈迦さまは決して死を目指してはおられません。確かにもうこれ以上苦行をした人はいないといわれるほどの難行苦行をされたそうですが、お釈迦さまはそんな苦行時代に、苦しみすぎて亡くなっていった仲間たちと多く出会ったと聞いております。そこで、行の行き着く先は死であってはならないと教示してくださったのではないでしょうか。人は死んでしまっては意味がない、死ぬために行ずるのではないのだ、と。そこでお釈迦さまは考えを変えられて、苦行を否定され、違う生き方を目指されたのではないかと思います。

修験道の開祖、役行者《えんのぎょうじゃ》は「身の苦によって心乱れざれば、証果自ずから至る《しょうかおの》」という御遺訓を示されました。私たち行者はその言葉をお手本として千三百年の法脈を受け継いで、真の理《ことわり》を求め行じてきたのだと思います。昔、師匠がおっしゃっていました。「歴史と伝統がある行は、理にかなっているから大丈夫だ」と。私も危険だといわれる行を経験させていただき、心を正して行じれば必ず守られる、死なないようになっているということを、身をもって体験させていただきました。

修行者の行というものは、

「人は何是迷うのだろう」

「何是、何かに執われてしまうのだろう」

というように、いろんな悩みを自らに訊《たず》ねながら、どこにその原因があるのかを突き止めようとして旅に出るものなのではないかと思います。その答えを知るために、肉体的にも精神的にもギリギリの状態のところに自分自身を追いやって、たとえて言うなら、その場所にしか咲いていない悟りの花みたいなものを見て、「なるほど、これが答えだったのか」と気づいて帰ってくることなのではないかと。

そしてさらに大切なのは、そこで見てきた花の姿かたちを皆さんにお伝えさせていただくということです。行者とかお坊さんという役目を持った人は、お山で気がついた大自然の理をこの里の世界に戻ってきて日常生活の中で実践し、皆さま方にお伝えさせていただくのが定めではなかろうかと思っております。もしかすると、そこに、行の意味があるのではないかと思います。行とは決して苦しむために行じるのではありません。

人は苦しむために生まれてきたのではありません。

苦しみの中から喜びを得るために生まれてくるものだと思います。

肉体的にも精神的にもギリギリの状態のところに自分自身を追いやって、その場所にしか咲いていない悟りの花みたいなものを見て帰ってくる自分とは一体何なのか、人生とは一体何なのか、なぜ迷い苦しむのか。こうしたことは、普段すべてが整った幸せすぎる生活の中ではなかなか見えてこないものです。それを知るために自分自身を奮い立たせ、厳しい行に挑むのではなかろうかと思います。

今、崖《がけ》っぷちに咲いている悟りの花と言いましたが、それは「そこにはどんな花が咲いているんだろう」といくら考えていても実際に見えるものではありません。どんな望遠鏡を使っても見ることはできないでしょう。その場所にまで行って、はじめて出会うことができる花です。どんな想像をしても、どんなに勉強をしても、決してその答えは出ることはありません。

人が悩み苦しむのは、何かにとらわれているからで素直にやさしさを表現できないからです。それでもあきらめずに人を思いやり、丁寧に生きていると、やがてそれぞれの人生の中に、心の中に、素晴らしい悟りの花と出会える日が来ると思います。また、そのために人はこの世に生まれてくるのだと私は思います。

第二章

私を行に向かわせたもの

奇蹟と難産の末にこの世に生を

私は昭和四十三年の三月十五日、宮城県仙台市に生を受けました。生家は仙台駅のすぐ裏手にありました。母や祖母から聞いた私が生まれる前の話ですが、母は私を身《み》籠《ご》ったとき、それに気づかず「何かお腹の調子がおかしいな」と感じていたらしく、正露丸を二瓶も飲んでしまったそうです。そのあとで妊娠したと気づいたのですが、時すでに遅しで日本脳炎の注射までしてしまったらしいのです。「そのことをお医者さんに言ったら大変だ。子どもを産むことを止められるかもしれない。どんな子を授かろうといったん授かったからには産もう」と母が決意したおかげで、今の私があります。

また、秋の彼岸《ひがん》の頃には流産しそうになり入院しました。そこでお医者さんから薬を処方していただくのですが、「何かこの薬は飲みたくない」と自分の判断で一度飲んだきりやめてしまいました。その薬がのちに社会問題になったサリドマイドだったといいます。母が自分の判断で薬を飲むのをやめたのは奇蹟《きせき》でした。

かなりつわりがひどく、ご飯がほとんど食べられなかったため、コーラばかり飲んでいたといいます。十か月目に入っていよいよ私が産まれるときは、三日三晩の陣痛の末、朝の八時に破水して、夕方にようやく産まれるという大難産だったそうです。お医者さんは「母子ともに駄目かもしれない」と祖母に宣告していたと聞きました。母にも昼過ぎには「何でもいいから食べたいものがあるか？」とおっしゃったらしいのですが、それに対して母は「先生、何もいらないからこのままにしておいてください」と答えたといいます。もう自分でも死を覚悟していたようです。

先生は母を励まし続け、夕方になると何を思ったのか、「神棚にお供《そな》えしているお神酒《みき》を持ってきなさい」と看護師さんに命じました。そして看護師さんが持ってきたお神酒を口に含み、ふーっ！　と母のお腹に吹きかけたそうです。そうしたら「お腹の中からポロッと産まれ出た」と母親は言ってました。

大変な難産でしたので私の顔は二倍ぐらいに腫《は》れ上がり、凄《すご》い顔立ちだったらしく、母は「この子は自分ではおんぶしたくないなぁ」「おばあさんにおんぶしてもらおう

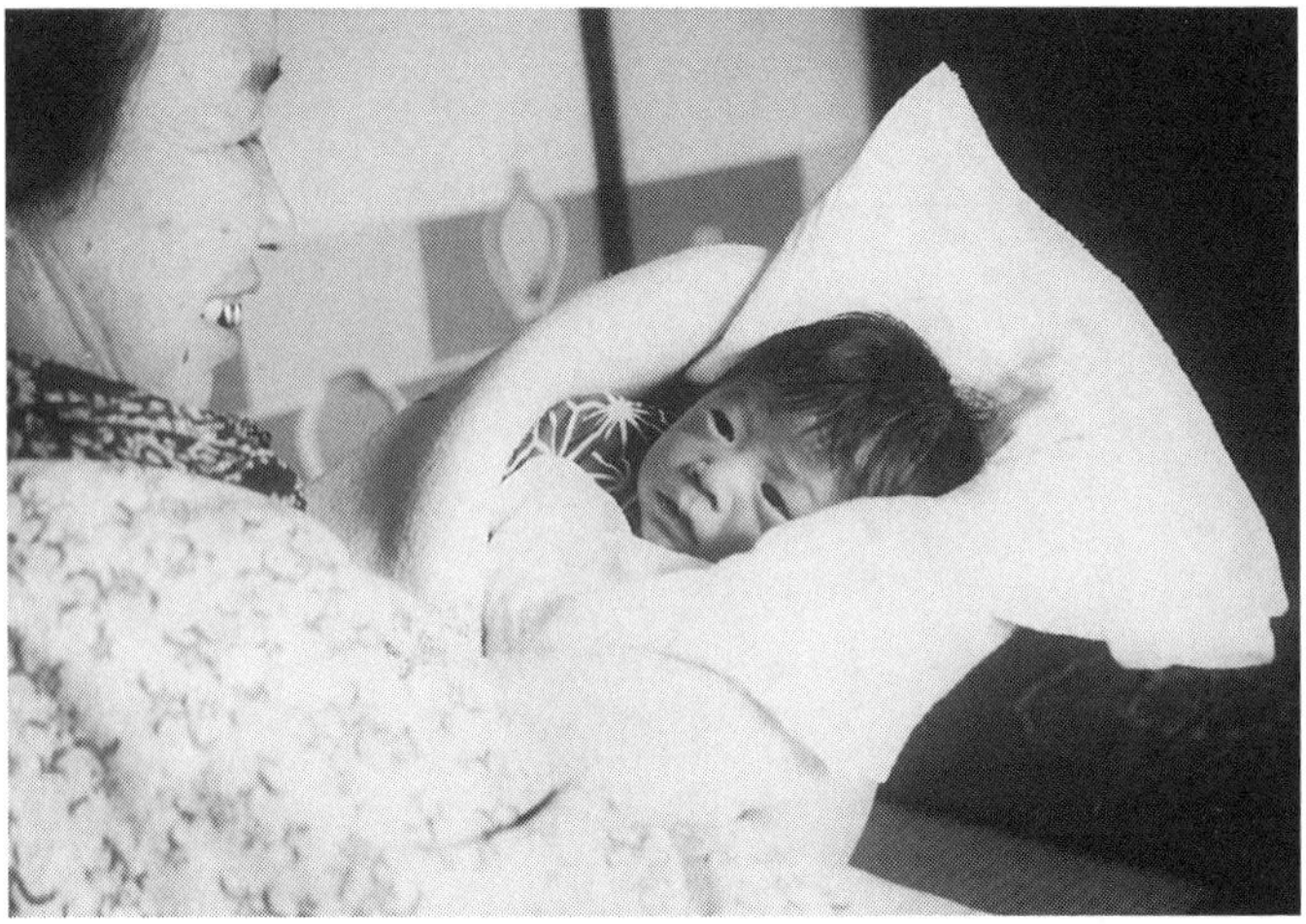

祖母に抱かれて

かなぁ」などと考えてしまったそうです。「子どもを身籠ったらお便所の掃除をするとかわいい赤ちゃんが生まれると聞いたから、毎日一所懸命したんだけれど駄目だったか」と思ったらしく、今でも、「それにしてもひどい顔だったなぁ、困ったなぁと思った」と言っています。

あくる日、母の妹たちが見舞いにやってきました。母が「どうだった?」と聞きました。「すごい顔をしていたでしょう」という意味での「どうだった?」なのですが、「ものすごくかわいかったよ、お姉ちゃん」という返事でした。おかしいなと思い、次にやってきた祖母にも「おかあさん、どうだった?」と聞きました。すると、祖母もやはり「ものすごくかわいかった。今まで見たことのないくらいかわいい子だ」と答えました。

母はそんなはずはないと思ったそうですが、すぐに「ああそうか」と納得しました。みんな自分を慰《なぐさ》めるために「かわいい」と言ってくれているのだろう、と思ったらしいのです。その日、母は意を決して新生児室に行きました。ところが、顔が腫れあがった赤ちゃんはそこにいませんでした。すっかり顔も元に戻り小さくなった私がいて、親でもわからなかったのです。

また、生まれて三日目には危篤《きとく》状態になりました。何が原因かはわかりませんが、そのときは、お医者さんも、看護師さんも、皆さんで寝ずの看病をしてくださったそうです。おかげさまで私は一命を取り留めました。今では体は人一倍丈夫ですし、命があってよかったと感謝しております。

貧しい家に生まれて

出産後、母は体調がかなり悪くなり、祖父と祖母が住んでいた家の隣の借家に引っ越し、生活するようになりました。小さい頃から、私の家はあまり裕福ではありませんでした。とはいっても、戦後の大変な時代を生きてこられた方には当たり前のことと思いますが……。

私が小学校に入学した昭和四十年代後半から五十年代というのは、家にお風呂がつきはじめた頃です。しかし私の家にはお風呂がなくて、高校を卒業するまで銭湯に通っていました。それも毎日なんて行けません。冬に銭湯に行って頭を洗うと、家に帰ってくるまでに髪の毛が凍《こお》り、みんなで笑っていました。

また、小学校高学年になると、友達の家に集まってよく勉強会というものを開くようになります。勉強会のあとでは必ず、その家のお母さんがおやつを出してくれました。あるとき、「今度はお前の家に行くよ」と友達が言いました。しかし私は「うちはいいよ」と断りました。家には八畳と六畳の二間しかありませんでしたし、しかも一部屋には心臓を患《わずら》った母がいつも寝たきりでした。もちろん、おやつなんか出す余裕はありません。「友達を連れてきてもいい？」なんて聞けません。

友達が家に来たいというのを断ったことで、私も友達の家に行きにくくなりました。陰で「あいつの家は貧乏だ」と噂されているのにも気づいていましたが、物心ついたときから貧しかったので、こればかりはどうしようもありません。それでも胸を張って明るく、決して心まで貧しくはなりませんでした。

父は会社勤めをしておりましたが、給料をごまかし、お金をあまり家に入れていないようでした。会社から帰ってくると酒を飲んでくだを巻き、暴力を振るうこともしばしばありました。

家計は祖母が祖父の軍人恩給からお金を入れてくれたりして、なんとか維持できているという感じでした。母が今でもよく笑い話で話します。私が友達の家に行ってスパゲッティをご馳走《ちそう》になって、とてもおいしかったので「母ちゃん、スパゲッティ食べたい」と言ったのです。すると母は「スパゲッティか」と悩みました。スパゲッティの麺《めん》を買うお金もなかったのです。そこで一計を案じて、冷麦《ひやむぎ》を茹《ゆ》でてケチャップをかけて私に食べさせました。

「母ちゃん、これ友達の家で食ったのと違う」と私が言うと、母は「これが本当のスパゲッティ」と言いました。何も知らない子どもでしたから、私はそれを「ふーん」と首をかしげながら食べていたそうですが、いまでも玉ネギと冷麦のスパゲッティをなつかしく感じます。

厳しかった母の躾

家は貧しかったのですが、躾《しつけ》はとても厳しいほうでした。母の先祖は伊達政宗《だてまさむね》公に仕えていたらしく、とにかく一挙手一投足にわたって厳しく躾けられました。ご飯を食べるときは必ず正坐で無言、食べ終わったら「ご馳走さまでした」と言って、自分で茶碗《ちゃわん》を片付けました。

また、お客さまが来たときにはきちんと挨拶《あいさつ》をするように言われました。「どんなに自分の腹の虫の居所が悪くても、お客さんはそれを知らないのだから、必ずニコニコしてご挨拶をして不快な思いをさせてはいけません」と注意されました。

それから、何かものを頼まれたときに「あとで」と私が言うと、いつも「お天道《てんとう》さんは待ってくれない」と言われます。そして「頼まれたら『はい』と返事をしてすぐ動くんだよ」と教えられました。

「自分が苦しいときにたった一杯の水でもご馳走になったら、そのご恩は一生涯、忘れてはいけない」とも教えられました。「実るほど頭《こうべ》の垂れる稲穂かな」という言葉は何千遍聞かされたかしれません。「どんなに偉くなっても、人の下から行きなさい。皆さんにお仕えさせていただくという気持ちは忘れてはいけない」と言われ続けてまいりました。

母が心臓病で寝込んでいたので、小学校の頃から家事もしました。お米も研《と》がなければなりませんし、ご飯を食べ終わったら自分で茶碗を洗います。自分のことは自分でやり、また人さまに感謝してお仕えするという、今につながる精神のようなものを母や祖母が教えてくれました。昔はどこの家庭にもあった昭和の躾です。

お坊さんになって本山という大きなお寺に修行させていただいて、辛《つら》いこと苦しいことをたくさん経験させていただきましたし、お坊さんとしての作法もいろいろと教えてもらいました。しかし今、何が一番役に立っているかといったら、母や祖母の躾でした。子どもの頃に教わったことが、本当に役に立っています。あの頃の家庭での教育が今の自分をつくっていると思います。

今の親は、時として「子どもに愛情を注ぐこと」イコール「物を与えること、子どもから嫌われないこと」と勘違いしているように感じることがありますが、大事なのは、子どもと同じ目線になって向き合って、「こうだよ、ああだよ」とひとつひとつ教えながら愛情を注ぐことだと思います。同じ目線になって向き合えば、もしかしたらぶつかり合うかもしれません。それが面倒臭いから、ちょっと距離を置いてどんどん物を与えたり、嫌われたくないから見て見ぬふりをして甘やかしてしまうことがあります。

昔の親は子供の教育を命懸けでやっておりました。親だけではなく、大人がみんな

「どんなに偉くなっても、人の下から行きなさい。皆さんにお仕えさせていただくという気持ちは忘れてはいけない」（母の言葉）

で子育てをしていたような感じです。子どもが悪さをすれば隣のおじちゃんから叱《しか》られたり、ゲンコツでゴツンとやられることもありました。今はそういう近所づきあいもなくなってしまいました。

私の子どもの頃は、米や味噌《みそ》がないと「ちょっと隣の家で借りてきて」と親から言われました。それで「おばちゃん、米貸して」と頼みに行ったり、そういう役目はおよそ子どもにまわってきます。しかし、そうしたことができたのも、ご近所の絆《きずな》が強かった証拠のように思います。

私が子どもの頃は、何につけ、とても厳しかったように思います。小学一年生ぐらいのときから病院にも一人で行かされました。小学校も高学年になると、市立病院のような大きな病院ですら一人で行くようになりました。

三十九度五分ぐらいの熱が出たことがありました。そのとき、「母ちゃん、熱ある」と言うと、「だったら病院に行ってきなさい」と言われました。「歩けない」と言うと、「熱あんのは生きてる証拠だ」と言われ、結局一人で歩いて行かされました。

病気になると食べたいものを食べさせてもらえるという話を友達から聞いていました。近所に「ガトーオバラ」というパン屋さんがありました。学校帰りに店の中を横目で見ながら、「おいしそうだなぁ、コロッケパンとか焼きそばパンが食べたいなぁ」と思っていました。いつもはお金がないから買ってもらえませんでしたので、病気になったのを幸いに、さっそく母にねだりました。

「母ちゃん、腹減った」

「そこにあるバナナを食べなさい」

「バナナじゃなくてガトーオバラのコロッケパン食べたい」

「腹減ったら何でも食べられるはずでしょう」

何を言っても取り合ってもらえません。

「バナナやだ」

と、粘《ねば》ると、

「じゃあ、腹減ってない証拠だ。本当に腹減ったらバナナでも何でも食べれる」

と母は一歩も譲る気配はありませんでした。

その話を今、母にすると、

「そう言うしかなかったんだよ。いくら言われてもお金がないから買えなかったからね」

と、あっけらかんと笑っています。

しかし、この我慢をしなければならないということが社会に出てからとても大切なことだと気づきました。

何もない豊かさ

中学校二年生のとき、見るに見かねた親戚の仲介もあり、とうとう両親の離婚話が持ち上がりました。一月一日のことでした。結局、離婚することになりましたが、親戚のおじさんが「子どもは？　養育費は？」と聞いたときの父の答えは「そんなもの知らねえ」でした。それまでも貧しかったところに月々の収入がなくなり、ますます生活は苦しくなります。しかし、めげてはいられません。前を向いて生きていかなければなりません。

一月十五日、父が出て行きました。気がついたときには先祖から受け継いだ大切な器までもなくなっていました。いつの間に運んだんだろうと、母と祖母と私の三人で大笑いです。当時、母は三十代後半でしたが、偉かったことに、出て行く父の背に「この人に幸せを」と祈ったというのです。私が決して人を恨めない性格は母親譲りかもしれません。

その日の寒い夜、三人でコタツを囲んで「うちには三千円しかないけど、養育費や生活費はもらいたくないね」「まして子どもも捨てていった人からはもらいたくないね」と話し、「それじゃあ三人で頑張ろうか。明日のことは明日にまかせよう」という結論になりました。ここが由緒正しき貧乏人の底力です。失うものはありません。そこには暗さや不安は微塵《みじん》もありませんでした。

そうしたら、近所の人や親戚の人たちが夕方になると「これ食べて」とおかずを持ってきてくれるようになりました。みんなが集まると、そこで必ず酒盛りがはじまりました。中学校二年生だった私も「お前も酒飲め」と勧《すす》められます。当然飲酒はいけないことですが、我が家には「親の前ならよし」というルールがありました。

しかし「家以外でもしお酒など飲んだ場合は、たとえおまわりさんに捕まっても絶対に迎えに行かない」という決まりでした。

貧しくはありましたが楽しい毎日でした。家には本当に何もありませんでしたから、皆さんからいただくばかりで、お返しすることもできません。近所の人や親戚の人がよく面倒を見てくださったと感謝の気持ちでいっぱいです。あのときのメンチカツやトンカツの味はいまだに舌に残っております。


私が高校に進学できたのも、知人や親戚の皆さんから助けていただいたおかげです。「高校だけは行かないと」と知人や母の兄弟たちがみんなで手伝ってくれたのです。

しかし、好意に甘えてばかりはいられませんので、私も家計を助けるために中学二年生からアルバイトをはじめました。知り合いの方の喫茶店で、毎週日曜日に三時間働いて千二百円をいただきました。

そのお店は二十八人ぐらい入る結構広い喫茶店でした。お客さんが来店すると「いらっしゃいませ」とお水を持っていって注文を受けます。でも中学生でしたから、「アメリカン」と言われてもなんのことかわかりません。わからないまま「かしこまりました」と注文をとってきて、「マスター、アメリカンってどうやってつくるんですか?」と聞くと「コーヒー半分捨てて半分お湯を入れとけ」と言われました。「はい、わかりました」とマスターの言うとおりにアメリカンをつくって出しました。ですから、私は長い間、アメリカンはコーヒーを半分お湯で薄めたものだと信じていました。

あるときはコーラを頼まれました。コーラの出し方もわかりません。「マスター、コーラはどうやって出せばいいですか?」と聞くと「いつもやっとるようにやっとけ」と言われました。私はその店で、アルバイトのあとにカツ丼とコーラをいただいていました。「いつもどおりやっとけ」と言われたものですから、私はいつもコーラをいただくときと同じように、氷も入れずに生ぬるいコーラを自分たちが飲むコップについで、そのまま持っていきました。注文をしたのはデート中のお二人でしたが、私の出すコーラを見てキョトンとした顔をしたのを今でも覚えています。私は何もわからなかったので、どうしてそんな顔をするのか見当もつきませんでした。本当に申し訳ないことをしました。

中学の頃は近所のパチンコ屋さんにもよく行っていました。パチンコ屋さんに行くと、まず小さな箱を持って床に落ちているパチンコの玉を拾います。子どものやることですから、誰も怒りません。

拾った玉が箱の底に一列集まると、それを入れてはじめます。当時は飛行機という台がありました。一気に打つとすぐになくなってしまいますが、最初に角の一番目のところに当てて、それから間をあけて打つと、開いたところにパンパンと入ります。それで必ず小箱を二箱か三箱ぐらいいっぱいにして、米や味噌や醬油《しょうゆ》、砂糖などに換《か》えていました。

店員さんも、私が拾った玉でやっていたことは知っていたと思います。でも、交換する景品が米や味噌ですから、よっぽどこの子の家は生活がひどいんだろうと思ったようで、とてもかわいがってくれました。ときどき、開放台という開きのいい台を教えてくれることもありました。その台で打つと、玉が大きな箱に半分ぐらい溜《た》まりました。常連のおじさんたちとも仲良くなって、玉をもらうこともありました。

高校に入ってからも、私のパチンコ屋さん通いは続きました。悪いことだという意識はまったくありませんでしたので、制服のままで入って打っていました。それをある日、学校の先生に見つかってしまいました。その先生も同じパチンコ屋さんの常連だったらしく、二、三度私が玉を拾って打って景品を取っていくのを見ていたようです。先生としては、私が景品を現金に換えたところで捕まえるつもりだったようですが、いつも米、味噌、醬油に換えていましたから、どういうわけだろうかと不審に思っていたようです。

それでも、ある時ついに「次にやったら停学だからな」と警告を受けました。しかし私も生活がかかっていますので、やめるわけにはいきません。そのうち先生にもこちらの事情がだんだんわかってきたようで、パチンコ屋さんで会うと「今日は出ているか」と聞かれたりして、仲良くなりました。その先生を「家に来ない？」と誘って、一緒にご飯を食べるようになり、しまいには一緒にお酒を飲んで、という仲になりました。

そういう思いいっぱいの中学・高校時代でした。今までの人生の中でどの時期が一番良かったかと聞かれたならば、迷わず、中学生から高校生にかけてのあの貧乏な時代をあげたいと思います。

貧乏だから、何もないから、いろいろな良いものが生まれてくるのではないかと思うのです。持っているものが少なければ少ないほど、より良いものが心の中からどんどんどんどん湧《わ》いてまいります。足ることを知ることによって、人の心は幸せになれるのだと思います。

旅立ちの朝

そういう学生生活を送る一方で千日回峰行《せんにちかいほうぎょう》への思いは募《つの》っていきました。吉野山でも千日回峰行をやっていることを知り、高校を卒業したら吉野山に行こうと決めていました。しかし、現実には高校卒業後、すぐに吉野山に行ったわけではありません。まず旅費を稼がなくてはなりませんでしたし、僧衣や作務衣《さむえ》も揃《そろ》えなくてはなりませんでしたので、とりあえずお金をためるためにアルバイトをしました。そして一年間アルバイトをして資金がたまったところで、高校卒業の翌年、昭和六十二年五月六日に吉野山の金峯山寺《きんぷせんじ》に入りました。

金峯山寺に入るにあたり、事前に「そちらのお寺で修行をしたいのですけれど」と電話をいたしました。すると「履歴書を持って上山してください」と言われましたので、四月に金峯山寺にうかがいました。

金峯山寺では毎年六月六日から行がはじまります。二年ごとの三つの行のコースがあって、最初の二年は修験行院《しゅげんぎょういん》（現在の吉野学林）という修行機関に修行僧として入らなければなりません。

私もまず修験行院へ入行許可を申請いたしました。すると「許可が下りたら、改めて来てください。六月からですので、いつ来ていただいてもいいですよ」と言われました。「許可は後日通知いたします」という話でしたが、なぜかその場ですぐに入行許可が下りたため、いったん仙台に戻って準備をし、五月六日に再び奈良に向かうことになりました。

五月六日の旅立ちの朝、母がつくってくれた大根の味噌汁の味は今でも忘れられません。目が覚めると、台所でトントントントンと音がしていました。

「何やってるの、母ちゃん」

「うん、今日はお前が出家する日だから味噌汁つくっているんだよ」

朝一番の新幹線で行かなくてはなりませんでした。ゆっくりと朝ご飯を食べている時間はありませんでしたので、せめて味噌汁だけでも、という親心です。その心遣いに胸が熱くなりました。本当ならば、高校を卒業してすぐに就職して家計の助けをしなければいけないのに……。「悪いなぁ」という気持ちでいっぱいでした。

味噌汁を飲み終わり、別れの挨拶をしました。

「母ちゃん、行ってくるわ」

私が言うと、母は私の茶碗と箸《はし》をゴミ箱に捨てました。

「もうお前の帰ってくるところはないと思いなさい。どうせお坊さんになるんだったら、砂を嚙《か》むような苦しみを味わってきなさい。母ちゃん、ばあちゃんのことは何の心配もいらないから」

そのとき祖母は縁側から外を眺めておりました。必死に涙をこらえているように見えました。母の言葉と祖母の姿を見て、ますます勇気が湧いてきます。

「よし、行ってくるよ」

もう一度そう言って、元気いっぱいに家を出ました。

しかし、新幹線に乗り込んで扉が閉まった瞬間に、思いもよらなかった感情が湧き上がってきました。母と祖母と三人で本当に苦しい中で生活をしてきました。ある意味、一緒に戦ってきたといってもいいと思います。親と子、祖母と孫の間は強い絆で結ばれていたんでしょう。涙が込み上げてきましたけれど、泣くわけにはまいりません。隣のお客さんもいます。「格好悪い」。そう思って我慢しました。

それでも「これからどうやって生活していくのかな」などと考えはじめると不安になってきました。長年夢見た回峰行者になるんだという喜びと、将来への不安とが入り混じった複雑な心境でした。新幹線は西へ西へと進んでいきます。東京で乗り換えて、京都駅でまた乗り換えて、あっという間に吉野山の麓《ふもと》に着きました。そこからはケーブルカーを使わず、自分の足で山を登っていきました。金峯山寺に到着したときには、もう夕方になっていました。

私はひとつ大きく深呼吸をしました。「いよいよはじまるんだ」。私の胸は大きく高鳴っておりました。

第三章

千日回峰行までの道のり

悩み涙した小僧時代

「よろしくお願いいたします」と金峯山寺《きんぷせんじ》の門を叩《たた》き、修行生活がはじまりました。「今日から頑張って」と皆さんから励まされました。昭和六十二年、この年は私を含め、五人の修行僧が入山しました。

「はい」と答えてみたものの、右も左もわかりません。何しろそのとき私は千日回峰行《せんにちかいほうぎょう》がしたい、ただそれだけで入山したもので、仏教のことも、得度《とくど》の意味も、般若心経《はんにゃしんぎょう》すらもわかりませんでした。そのため、ひとつひとつ先輩から教わっていかなくてはなりませんでした。

東北生まれの私は関西弁が理解できなくて苦労いたしました。先輩から「そのさら、のやつ持ってきて」と言われ、お皿を持って行って笑われたりしました。「新しいものを持ってきて」という意味だったようです。また関西と東北では考え方も違いますから、その面でもいろいろな苦労をしました。わけがわからないまま、あっという間に一か月が過ぎた頃、やっと言葉も理解できるようになってきました。

夢と希望と青春をすべて背負って吉野山に行った自分でしたが、最初はなかなか思うようにはいきませんでした。一番はじめに現実を知ったのは人間関係でした。なんでこんなふうになるのだろうと思うほど悩みました。

私は勘違いしていたようです。高いお山にあるお寺だから、そこにいる人はみんな真面目《まじめ》で心のきれいな人ばかりだと思っていました。世間知らずの十九歳の頃でしたから、現実というものを知らなかったというしかありません。よくよく考えてみましたら、私自身のように右も左もわからない者を含め、道を求めて修行にくる場所ですから、すべて悟った人の集まりであるわけがありません。一般の社会と何も変わらないのです。

それに気づいてから、どういうふうに自分自身を変えていったらいいのだろうかと考えるようになりました。でも、それは簡単なことではありませんでした。

「知に働けば角が立つ。情に棹《さお》させば流される。意地を通せば窮屈《きゅうくつ》だ」という夏目漱《そう》石《せき》の小説の一節ではありませんが、自分が「もっとこうあるべきなんじゃないかな」

修行僧時代（右から四人目）

と思っても「そこまでしなくてもいいじゃないか」という考え方の人もいます。「いや、それは違うだろ」と反論すれば、そこで衝突します。かといって、衝突しないようにに「そうだな、そうだな」と妥協していけば、今度は流されてしまいます。

「なんで人と人はこんなにわかりあえないんだろう。どっちかと言えば、いろんな苦しみや悲しみのほうが多いし、精一杯やろうとするほど難しい……」

まだ自分自身の芯がしっかりとできていないがゆえの悩みでした。

しかし、修行自体はとても楽しいもので

した。それぞれが何かを求めて来た人たちですので、勉強や行になるとお互い切磋琢磨《せっさたくま》し、よく頑張っていました。作務《さむ》（清掃などの作業）もいかに早く丁寧にやるかと皆で考え、助け合い、とてもいい雰囲気でした。なんの娯楽もありませんので、よくいたずらをして楽しんでいました。同期で入った修行僧と私は「金峯山寺はじまって以来のいたずら坊主」とお師匠さんから言われていたほど、毎日いたずらをしてみんなをびっくりさせていました。

ある日、お寺のいたる所にタケノコを植えようといういたずらを計画して、夜に二人で五十センチぐらいのタケノコを谷から十本ぐらい採《と》ってきて、タケノコがはえるはずがない庭園に植えました。案の定、朝起きると先輩の修行僧や職員さんたちが大騒ぎして、「こんなところにタケノコがはえたぁー」「またあいつらじゃないか？」と言っています。しかし、そんなこともあろうかと思い、鉄の杭《くい》を打ってその上からタケノコを刺《さ》してありますので簡単には抜けません。「これはほんまや」と皆さんが言い、「よし、鍬《くわ》持ってきて掘るしかないなぁ」と鍬を入れた瞬間に「カン」という音がして、「またお前たちかぁ」と皆で笑い合ったこともありました。

遊ぶときは遊び、いったん行になると皆、真剣になり、とてもいい仲間たちでした。

しかし上下関係はとても厳しく、たとえば「五百段の階段の掃《は》き掃除をしてきてください」と言われ、「はい」と返事をして掃除に行き、三十分ぐらい掃いていると先輩がきて、通りすがりに「何をやっとるんですか。こんなペースでは午前中に終わらない。もっと早くやりなさい」と言われます。「はい」と答えてペースをあげて掃いていると、十分ぐらいで先輩が戻ってきて、今度は「何をやっとるんですか。こんなに雑にやったら駄目じゃないですか。あそこに葉っぱが一枚落ちてるし、ここにも落ちてる」と指摘されます。それでまた「はい」と素直に返事をして掃除を続けるのですが、心の中は「さっきは早くやれと言ったのに、今度は丁寧にやれと言う。どうすればいいんだ」と不満でいっぱいになっています。

これはその人の「我《が》」をとるために仏さまがくれた修行なのかもしれません。早く、また丁寧に、というのはどちらも正しいのです。先輩から「こうしなさい」と言われたら「はい」、「ああしなさい」と言われたら「はい」。どちらもトーンの高い声で相手に不快感を与えずに「はい」と言える素直な自分があればいいのですが、なかなかその「はい」が言えません。

不満に思うのは自分の心に「我」があるからです。心の底から素直な「はい」が言えるようになるのは、お坊さんになってから十年はかかるのではないでしょうか。おそらく仏さまが先輩に姿を変え、形を変えて、人を介して私を鍛《きた》えてくださっているのです。しかし、そうだと頭ではわかっても素直に自分のやさしさを表現出来るようになるまでは時間がかかります。日々、その繰り返しです。


一日の行を終えて、ご飯を食べ終わった夕方の六時半以降は自分の時間になります。そこからは個人の勉強をして、夜の十時にはみんな床《とこ》につきます。みんなが寝静まってからひとりこっそりと寮を抜け出し、本堂の正面に向かって中心からちょっと左側の柱に寄りかかってよく泣いていました。

「なんで人生ってこうなんだろうなぁ。なんでうまくいかないのかなぁ」

泣いて泣いて泣いて、時には「死んだほうがましかな」とまで思いつめたこともありました。お堂の浜縁《はまえん》に立って「ここから頭から落ちたら死ぬかな、でも死んでも意味ないしな」と、そんなことを考えたこともありました。

今になって考えれば、なんであんなちっぽけなことを悩んだのだろうと思いますが、そのときは悩みの渦《うず》の中におりましたから、何とかしたいと思って肩に力が入り試行錯誤してもなかなかうまくいかず、自分の心もすっきりしないという時期でした。でも、そこで徹底的に真剣に自分自身と向き合い、問いかけることによって、さらに大きな行に心が向かっていきます。神仏の奥義《おうぎ》とは何か、行とは一体何なのか、信仰とは何なのかと、ますます考えが深まっていきます。

お寺の生活というのは非常にシンプルなもので、毎日同じことの繰り返しです。この同じことの繰り返しというところに、実は行の意味があります。同じことを繰り返していくうちに、やがて一日として同じ日はないと気づくようになります。日々、気温も湿度も天気もすべて違うように、人の心も、気分の良いときもあれば悪いときもあり、さまざまに変化しています。その変化の中で、どのようにしたらありのままに生きることができるのか、なのです。空気のような、水のような、おてんとうのような、みんなにとって、なくてはならない存在になれればと理想を求め人生を刻んでい

19歳、大峯山山頂付近にて

きます。

行を終えたら行を捨てよ

「行を終えたら行を捨てよ」

これは千日回峰行に入る前、二十三歳のときに師匠からいただいた言葉です。行というものは何回山に行ったとか、どれだけ高い山に登ったとか、そんなことは一切関係ありません。行はチャレンジでもなければ冒険でもありません。行をしたということ自体を自慢したり勲章《くんしょう》にしたりしては間違いですよ、ということです。

「行を終えたら行を捨てよ」ということの言葉は、年々行じていくごとにとても素晴らしい言葉だと思うようになります。行というものは一切のご利益《りやく》的な考えがあってはならないのです。たとえば、行をしたからこうなりたいとか、他と比較して損得勘定《かんじょう》をしたりとか、少しでもそのような心があってはいけないのです。心の中にまるで幼《おさな》子《ご》がいるかのごとく心を無にして、目に見えぬ功徳《くどく》というものを一日一日ひとつひととつ積み重ねていくのだと思います。

たとえば今日という日にたったひとつの功徳を積むとすると、一年で三百六十五個の徳を積み上げることになります。「何事も根気よく、丁寧に、ぼちぼちと」。これが長い長い行を続ける秘訣です。人生の旅も一緒です。

修行の中でも、また人生においても、肉体的、精神的苦痛を受けたときは誰でも辛《つら》いものです。そこで妥協せずに乗り越えられるかどうかは、天を衝《つ》くぐらいの高い高い目標があるかどうかで決まります。その純粋なる清らかな気持ちが限界をも持ち上げ、時として不可能を可能にする力となります。この力は、本来、人には誰でも備《そな》わっているものだと思います。

自分に対する過信は脆《もろ》いものです。地に足をつけ、あせらず手を抜かず、一歩一歩歩み続けていれば、必ず自信がついてきます。勇気が湧《わ》いてきます。そして神仏が、まわりの人が、必ず守ってくださるのです。

百日回峰行に入行

修行僧としてお寺に入山してから四年が経《た》ち、平成三年になりました。この四年間を振り返れば、とても楽しく、また、あっという間の小僧生活でした。同期で入った修行僧もとてもいい仲間たちでした。楽しいときには皆で笑い、反省すべきところは自分たちで改善し、いったん修行となるとお互い切磋琢磨して素晴らしい時間を共有できましたが、行を終えて帰山する者もあり、それぞれの道を歩みはじめようとしています。

そんな中で、いよいよ百日回峰行に入行できる順番がやってきました。百日回峰行は一年に一人しか行うことが許されません。また、百日回峰行を行うには最低二年間お寺で修行することが条件になっております。私の番になるまで四人の先輩が百日回峰行を行じました。雨の多い年や、暑い年、それもまためぐり合わせで選ぶことはできません。

行者はいったん行に入れば、自分の身の回りのことは自分でやります。掃除も洗濯もお山から帰ってきてからしなければなりません。行に憧《あこが》れ、少しでも先輩の回峰行者さんにお仕えしたいという心からか、私は誰に言われたわけではなく、先輩の洗濯物をたたんで部屋の前に置いてあげたり、いろいろ心配りをさせていただきました。でも、先輩方は私がやっているなんて思っていません。何年かあとになって私と話をしていたときに、そこではじめて気がついたみたいです。決して人からよく思われたいと思ってやったわけではなく、なぜか自然にそうしておりました。

毎年、回峰行をする行者は、行がはじまる一週間前に大峯山《おおみねさん》の宿坊に登り、五月三日の戸開け（山開き）の準備のお手伝いに行きます。そして五月一日に下山して行に臨《のぞ》みます。行に入ります前日、何の気負いもなくものすごくリラックスしている自分がいました。楽天的とでも言うのでしょうか、「なるようになるさ」と肩の力がまったく抜けていて、「明日から本当に行に入るの？」とまわりの方から言われるぐらいリラックスしておりました。

大峯山山上の宿坊玄関前

しかし、朝、目が覚めると、昨日まではまるで別人の自分に気がつきます。午前零時の時報が鳴って、今日から行だという瞬間に目に力が入りました。そこからは一切の妥協はありませんでした。まったくの無言で、まるで鬼のような形《ぎょう》相《そう》になって行の世界に入っている、そういう徹底した自分がそこにいて、この切り換えの早さには自分でも感心するぐらいです。そんな自分であることにいつも感謝をしております。

吉野山にある蔵王堂《ざおうどう》から階段で五百段ほど下ったところに、通称・吉野の地獄谷という場所があります。そこは南北朝時代に戦いでたくさんの人が亡くなり、その死体を埋めたといわれる寂しい寂しい場所です。その地獄谷に行者が寝泊まりする宿坊があります。

平成三年五月三日、目を開けた瞬間から回峰行者としての自分の定めがはじまりました。目を開けると体が思うように動かない日もあります。調子の良い日、悪い日ではなく、悪いか最悪かのどちらかです。そのすれすれのところで行じていきます。起きた瞬間に足が動かない日もあれば、膝《ひざ》に水が溜《た》まっている状態のときもありますが、無理にでも動かして足を前に進めなければ、そこで行は終わってしまいます。

朝は午後十一時二十五分に起床いたします。這《は》うようにして宿坊の二階から一階に下りると、まず滝行《たきぎょう》をします。滔々《とうとう》と流れる滝の水を自分の身に受けます。外の気温は四度、五度。般若心経を唱え、滝に打たれます。水行を行じ滝場から帰ってくると手早く身を拭《ぬぐ》い、簡単な衣をつけて、山に行く衣装を整える参籠所《さんろうしょ》という場所まで上がってきます。参籠所は宿坊から五百段ほどの階段の先にある蔵王堂のすぐ下にありますので、起きてすぐ約五百段もの階段を上らなければなりません。夏ともなれば上ってくるだけで汗だくになります。

参籠所に行く前、本坊の食堂《じきどう》に片道分のお弁当（おにぎり二つが入っています）を取りに行きます。それと五百ミリリットルの水筒に水を入れ、参籠所に行きます。ここで鈴懸《すずかけ》という麻でできた法衣を身につけて山伏《やまぶし》の装束《しょうぞく》に着替えます。千日回峰行者の衣装は死に出る装束と書いて「死出装束《しでしょうぞく》」を着用します。紐《ひも》を含め全身が真っ白の衣装です。いつどこで倒れ、朽《く》ち果ててもいいように白装束をまといます。

身支度を整えて最後に自分の腰に数本の紐を結びます。袴《はかま》の紐、常用の道具を入れる三つの小さい入れ物を結ぶ紐、そして万が一、行が遂げられなかったときに自らの首をくくるための死出紐《しでひも》。これらの紐の結び具合も非常に微妙なもので、きつすぎれば全身の血が回らないような感じになり、緩《ゆる》すぎたら下腹に力が入らなくなります。微妙な調節をしていくのですが、毎日同じように紐を締め、何百回とやっていることでも、その日の天気や体調によってうまく仕上がらないときもあります。

そして紐を結び終えると、いざというときの自決用の短刀を腰に差します。このとき時刻はだいたい零時三十分ぐらいになっています。ここで自分の念持仏《ねんじぶつ》に一日の無

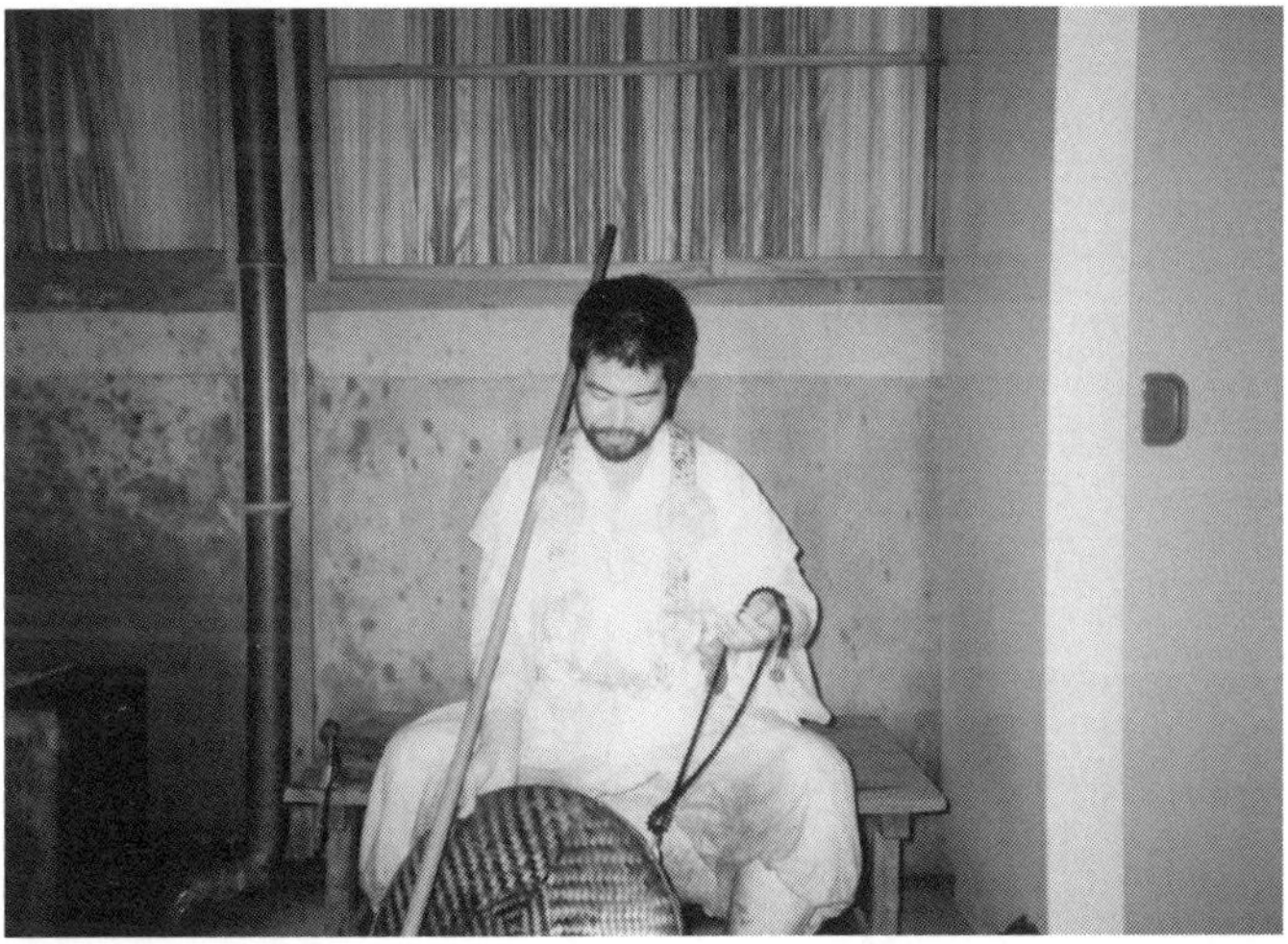

白装束に身をつつみ

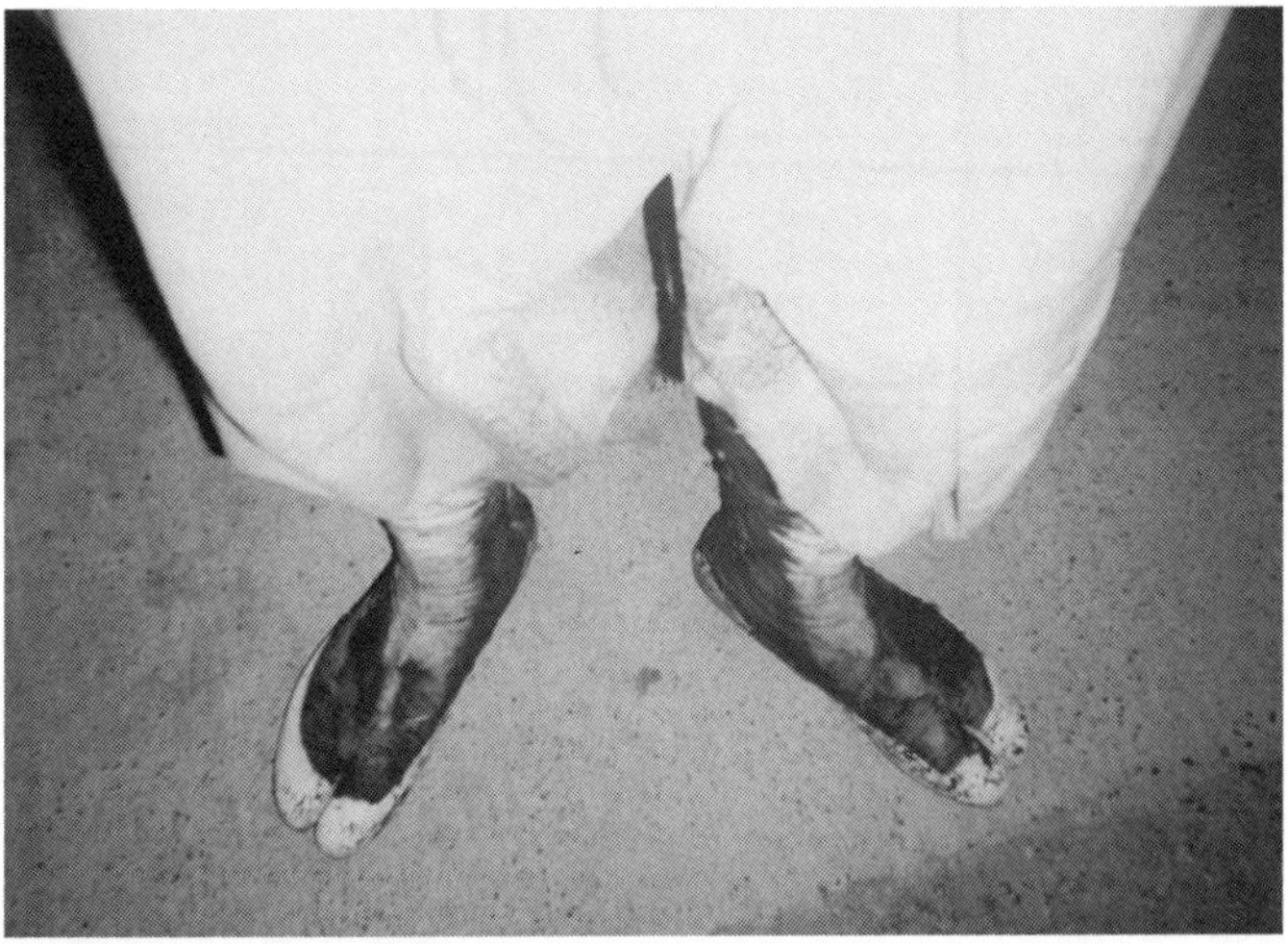

地下足袋はすぐにボロボロに

事を願います。そして今日も一日、心を込め歩みますから、その功徳をみなさんの為にと願い、また自分が皆さま方のお役に立てるような行者になれますようにと祈り、般若心経一巻をお唱えします。

参籠所の玄関に腰をかけ、地下足袋《じかたび》を自分の足に履《は》かせていきます。本当は昔ながらに草鞋《わらじ》を使いたかったのですが、山の厳しさゆえ、草鞋ではおそらく雨が降ると一日五足も六足も使わなくてはなりません。また木の根っこや岩場で爪を剝《は》がす危険もあり、やむを得ず地下足袋を使いました。しかし、それでも四日か五日経つとボロボロになってしまい、使えなくなります。

行のはじめのうちはいいのですが、三日も歩けば足が腫《は》れあがり、足袋の中になかなか足が納まらなくなります。それを無理やり押し込んで、五枚の小鉤《こはぜ》（留め具）をぎりぎりのところで留めます。

足袋を履き終わると杖《つえ》を持ち、笠をかぶり、提灯《ちょうちん》に明かりをともし、いよいよ一日の行がはじまります。歩きはじめると人と話してはいけないという決まりになっていますす。無言の行ですので、緊急時に備え、ペンとメモを所持します。

難所を行く

玄関を出ると、本堂まで五十メートルほどの緩やかな上り道になっています。何回も何回も同じ山、同じ道を歩いていると、そのたった五十メートルの坂道を上るときの山の匂いや雰囲気で、一日の天気の変化や自分の体調がわかります。台風が近づいているな、今日は雷が鳴るな、というようなことも、その坂のところで九十九パーセント把握できるようになります。

本堂でおまいりをして振り返った瞬間には、ほんのわずかな妥協も許さぬ、という強い気持ちがさらに一段と強くなり、真っ暗い闇の中、山を登って行きます。道中、行って帰ってくるまで、百十八か所の神社や祠《ほこら》があり、その一か所一か所で般若心経を唱え、仏さまに祈りを捧げます。

本堂を出発して数百メートル歩きますと、そこから三時間も続く上り坂が待ち受けています。本堂から四キロほど登っていったところに金峯《きんぷ》神社があります。この地点

大自然のささやきを求めて歩を進める

までは舗装道ですので足元は安心です。しかし、二キロも歩きますと民家はなくなり、電柱の明かりもなくなりますので、そこから先は提灯の明かりのみが頼りです。嵐のときには単三電池二本の懐中電灯を使います。普段も懐中電灯を使うのはかまわないのですが、懐中電灯を持って歩くと手元が動き、それにともなって明かりがあちこちとチラチラして目が疲れてしまいます。提灯であれば足元から、全体的にほのかに見えて、目も疲れません。

お月さまが出ているときには、大きな広い道であれば提灯を使わなくとも足元が見えますが、月明かりだけでは枝とマムシの区別がつきにくいので、用心のために提灯をつけて歩きます。提灯は夏場は熱く扱いにくいのですが、明かりの位置が低いために木の枝やマムシの影が映りやすい利点もあります。

夜中に歩を進め、提灯ひとつで山道を歩いていると、マムシだけではなく、野生動物に出くわすこともあります。熊除《よ》けの鈴を持ってはいるものの、大自然の風や雨の音、鳥たちや虫たちの鳴き声を聴きながら、より行に集中したくて鈴を鳴らさず歩んでいるため、猪や熊そして鹿や猿に出合うこともあります。そんな恐怖心より自分の体をとにかく前に、右の足と左の足を交互に出して前に出し、大自然の中での気づきに感謝をしながら、ひたすら行じます。

歩きはじめてから三時間ほどはきつい上り坂で、新茶屋跡というところまで来ますと、ようやく四キロほど平坦《へいたん》な山道になります。ただし、平坦といっても上り坂ではないというだけで、道は激しくアップダウンしています。ちょうど左から右へと傾斜している斜面の中腹を行くのですが、暗い上に足場も悪く、木の根っこなどにも注意しなくてはなりません。急な山の斜面についた山道では、転落の恐れのある危険な場所が各所にあります。

夜明けを迎えるのが午前五時前後。四時を過ぎると、あたりが薄明るくなって提灯の明かりでは明暗がつきにくく、目がとても疲れます。

十二キロ来たところに百丁茶屋跡があります。そこで持ってきたおにぎりを朝食としていただきます。そこからさらに歩を進めますと、今度は逆に東の斜面に差し掛かり、右から左に傾斜する断崖絶壁の続く大天井ヶ岳《おおてんじょうがたけ》の中腹を巻いて通らなければなりません。

山中では二本の川しかありません。雨の日は鉄砲水になり、天気が続けばすぐに涸《か》れてしまうような川ですが、途中で水を補給するのはその二本の川しかありません。虫が浮いていようが、水が濁《にご》っていようが、動物の糞《ふん》があろうが、その水を飲まなければならない場合もあります。

そして五番関《ごばんぜき》という十六キロ地点まで来ますと、今度は尾根づたいに道は続きます。標高千五百メートルを過ぎますと大きな木も少なくなり、強風で倒された木や折れた

●大峯千日回峰行者の装束●

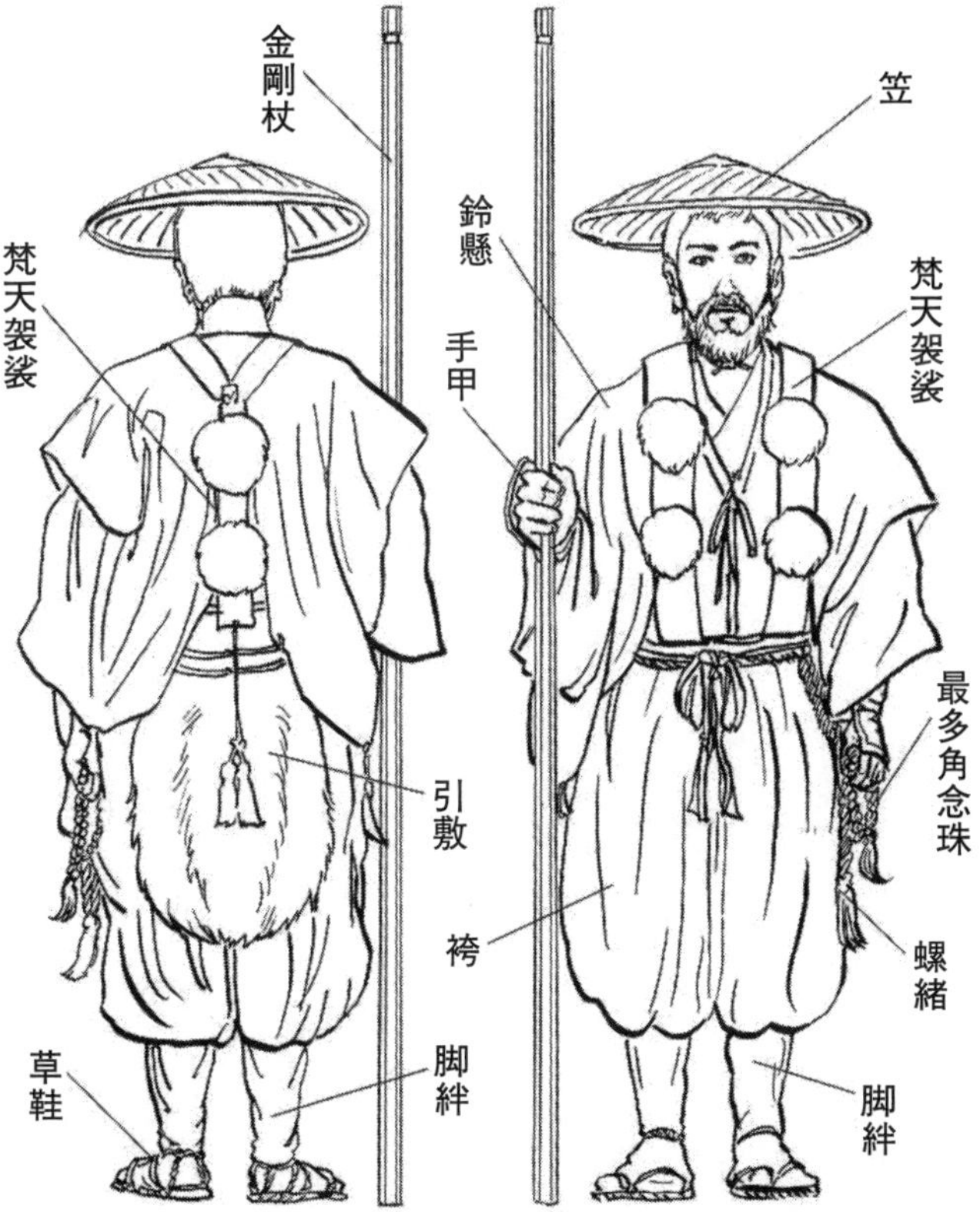

滝行のあと、宿坊から五百段の階段を登り、参籠所にて身支度を整える。行者は「死出装束」と呼ばれる全身が真っ白の衣装を身にまとう。

木が目立ちますがそれらの木もまがったまま力強く生きています。まさに深山幽谷《しんざんゆうこく》に分け入った感じで、目に見えるものすべてが清らかで神々《こうごう》しい感じがします。しかし、いったん嵐になると山は姿を変え、行者の命をも奪いにきます。

山はとても怖いところだと感じます。山を知れば知るほど山の怖さを知ります。決して侮《あなど》れません。昨日までとてもきれいな小さな花のまわりを蝶々《ちょうちょ》が飛び、お天道さまの木漏《こも》れ日を受けながら歩いていた場所が、次の日は風に飛ばされるのではないかというほどの嵐になったり、決して同じ日などありません。これもまた、人生と同じです。一期一会《いちごいちえ》です。

泥辻《どろつじ》茶屋から上は鎖がかかっている岩場があったり、とても危険な道が続きます。ようやく大峯山の頂上に到着いたしますのは朝の八時半ぐらいです。山上本堂をおまいりし、宿坊でご飯をいただきます。

先にお話しさせていただきましたが、百日回峰行のはじめの五十日は山頂にある宿坊で一泊し、翌朝山を下りてきます。五十一日目からは、宿坊でご飯をいただいたあと、同じ道を吉野山に向けて下ってきます。

痛みに耐え続けた百日間

百日回峰行は、それから九年に及ぶ行の中で一番試練が多かったと思います。行に入るまでの四年間、一日の作務が終わり、自分の勉強を終えてから、毎日必ず二キロから三キロ走っていました。お寺の仕事が遅くなる日は夜十一時ぐらいになることもありましたが、それでも走っていました。来るべき百日回峰行、そして千日回峰行という大きな行に備えて、日々足腰を鍛えておりました。

ところが、それほど用意周到に準備したにもかかわらず、大峯の山は一筋縄ではいきません。行に入って三日目ぐらいまでは調子よく登って、調子よく下ってきました。ところが、すぐに右膝を痛めてしまいました。痛いなぁ、痛いけどすぐ治るかなと思っているうちにだんだんひどくなって、水が溜まったような状態になりました。さらに悪いことに、痛い右足をかばって歩いていたので今度は左足が痛くなり、ついには両膝が曲がらず足が棒のようになってしまいました。

その年は五月三日の戸開け式の日に大雪が降り、五番関より上は十センチほど雪が積もり、戦後はじめてと新聞に載るほど寒い年でした。行の初日は吹雪《ふぶき》になり、頂上までの最後の四キロは特に積雪がすごく、岩場は凍結状態でした。普通に歩いても非常に危険な道ですが、その岩場が凍結していました。ゴム底の地下足袋を履いていましたので、つるつる滑《すべ》り、かなり危険な状態でした。慎重に歩いていたせいか歩き方がおかしかったのでしょう。それが膝への負担となってしまったようです。

両膝がおかしくなってからは、帰ってきて横になっても膝を曲げることができませんでした。無理に曲げようとすると激痛が走ります。「はじまったばかりなのに、明日はどうやって行けばいいんだろうなぁ」と考えると、不安で涙が滲《にじ》みました。

次の日、目が覚めると階段を後ろ向きになって這《は》うようにして下りました。痛みをこらえて無理に足を動かして滝場まで行き、滝で身を清めて気合を入れているうちに、少しずつ膝が動くようになります。痛いのに変わりはありませんが、とにかく無理に足を動かしているうちに痛みが感じられなくなるのです。

五百段の階段を上って参籠所に行き、そこで小さなおにぎりを食べながら着替えをして、真夜中の十二時三十分過ぎに出発して山に登る毎日でした。

膝の痛みは一向に治《おさ》まりません。山道で膝に細い枝が擦《こす》れただけでも、悲鳴を上げそうなほどの激痛が走ります。一歩一歩が激痛でした。しかし、どんなに痛くても、行の間はお医者さんには行けません。湿布《しっぷ》を貼っても、痛めた箇所が膝ですのですぐにとれてしまいます。結局、何もつけずにただ痛みをこらえて歩き続け少しずつ治ってきたのは四十日目に差し掛かったあたりでした。


膝の痛みがようやく治まりかけたと思った頃、今度は歯が痛みはじめました。虫歯が歯の神経にさわっていたらしく、痛いなと思っているうちに、やがて痛みが痺《しび》れに変わり、さらには歯と歯があたっただけでもこらえきれないくらいの激痛が走るようになりました。それを越えると、熱いものも冷たいものも、どちらも沁《し》みるようになり、味噌汁も飲めないような痛さで、一歩一歩、歩くたびに激痛が脳天に響きました。

これではとてもご飯が食べられないと思い、痛み止めの薬を通常の倍の量飲むと、三十分後に三十分だけ痛みが和《やわ》らぎました。

痛みが激しすぎると、よだれが流れてきます。あるときは、あまりの痛さにうずくまってそのまま気を失ってしまい、気がついたら十分か十五分が経っていたこともありました。しかし、その痛みのピークを越えると、あとは何も感じなくなってしまいました。行が終わってから歯医者さんに行ったときには神経を全部食べられてしまったのか、歯の中が空っぽになっていたそうです。

歯の痛みが治まったのもつかの間、今度は通常の倍の痛み止めを飲んでいたために胃を壊してしまいました。やっと元に戻って普通に歩けるようになったのは九十七日目で、百日回峰行のほとんどは激痛との闘《たたか》いでした。

膝から歯そして胃と痛みの連続でしたが、十キロは痩《や》せるといわれる百日回峰行で私は痩せることなく歩き通しました。どんな状況でも人一倍ご飯を食べました。なぜかといいますと、「私は元気です。体も丈夫です」と皆さんに認めていただかなくては千日回峰行をやらせてもらえないと思ったからです。弱みは一切見せられません。誰一人として私が痛みをこらえて回峰行を行じていたとは気づかなかったと思います。

どんな悪天候の日も、体調が悪くても、同じ時間に帰ってくるという目標を立てました。何時に帰ってきてもいいのですが、帰りが遅いと皆さんに心配をかけると思ったからです。毎日同じ時間に帰ってくるので「新幹線のようだ」と言われていました。午後三時頃、吉野山まで下ってくると、いつもお寺の近所の方が「同じ時間や、達者な行者さんやなぁ」と話しているのが聞こえてきます。それはどんな状態でも人に心配をかけるような行者ではいけないと思ったからです。誰に頼まれたわけでもない、自分で修行したいと決心して行じさせていただいている身。行の最中、一切の不平不満の心をもたず、ただ感謝と思い歩きました。

自分のことはすべて自分で

百日回峰行の前半の五十日は、奇数の日に登り、山頂で一泊して偶数の日に下りるという決まりになっています。山頂には二百人ぐらいが泊まれる宿坊が五軒あります。行者は、そのひとつの東南院という宿坊にお世話になりますが、回峰行者ばかりが泊まるわけではありません。大峯参りに、団体で大峯山に登ってこられる方たちがお泊まりになる場合もあります。そういう日には、皆さん夜遅くまで起きておられますので、すぐには眠れない日もあります。

また、宿坊に泊まらせていただくときは下坐《げざ》の行として、宿坊の仕事もさせていただきます。行では、洗い物のお手伝いをしたり、宿泊の皆さんのお世話もさせていただきます。徹底的に身の回りのことは自分で行い、なおかつ下坐行もさせていただくというのが百日回峰行の決まりなのです。

もちろん、千日回峰行の間も掃除、洗濯は自分でしなければなりません。山から帰ってくるとすぐに洗濯場に行き、地下足袋を洗い、鈴懸《すずかけ》という衣を洗って乾かして、雨で濡れた梵天袈裟《ぼんてんげさ》や引敷《ひっしき》という毛皮を乾かしたり、別の洗濯場で肌着を洗ったりと、次の日の用意が山ほどあります。ゆっくりとくつろぎたいところですが、ゆっくりしたらゆっくりした分、睡眠時間が減ります。一分でも早く体を休ませてあげなくてはなりません。四ヶ月間お風呂も汗を流す程度です。

ご飯をいただき、掃除をして、また次の日のために四つあるカバンの中身を確認します。山には、合計三十八種類の物を持っていきます。弁当、水筒をはじめローソクや怪我《けが》をしたときの薬までいろいろです。何ひとつ足りなくても大事になります。いったん歩き出したら極力立ち止まらないように、歩きながら対応できるように、さまざまな工夫をします。

用意が整うと、また階段で五百段下って、下の参籠所に戻ります。そのあと、その日一日山であったいろいろな出来事、自分の心に浮かんだこと、気づいたことを日誌に書き留めて床につきます。寝るのは夜の七時ぐらいになります。関西地方ではまだ明るい時刻なのでなるべく部屋を暗くして休みますが、体の疲れが極限に達しているために神経が高ぶっているせいか、ちょっとした物音にも反応して目が覚めてしまいます。ねずみが天井裏を歩く音で、パッと目が覚めてしまうこともしばしばです。

それでも午後十一時半になると、もう次の日の行がはじまります。一応目覚ましをかけておきますが、目覚ましの鳴る五分前にはいつも目が覚めます。七時から十一時半までですから睡眠時間はだいたい四時間半ですが、熟睡している時間はもっと少ないと思います。

行の間は摂取するカロリーも非常に少なくなってしまいます。出発する前に二口で食べられる大きさのおにぎりを二つ食べて、山の中では弁当箱に入っているおにぎり二つを朝五時ぐらいにいただきます。山頂に着くと、宿坊でご飯、味噌汁、お漬物や佃煮《つくだに》などの簡単な食事をいただき、帰りの分のお弁当を自分でつくります。おにぎりを握っている時間がありませんので、弁当箱にラップを敷《し》いてご飯を詰め込んでからラップを巻いて、蓋《ふた》をしたものを持って下山してきます。食べるときにはラップを開けて、その場でおにぎりにしていただきます。夕食と次の日に持っていくおにぎりだけはお寺の食堂のおばちゃんにつくっていただきますが、あとはすべて自分で準備いたします。

昔から回峰行者は生き仏として崇《あが》められているようですが、大峯回峰行ではそういうことはありません。「自分のことは自分で」というのが大峯回峰行の決まりで、行者にとって傲慢にならず、勘違いせずとてもいいことだと思います。

歩き方を学ぶ

毎日歩いていますと、歩き方のコツをつかんできます。歩くときには顎《あご》を引いて、腰を入れて下腹を意識して歩くのが一番集中できます。姿勢が悪いと呼吸が乱れます。呼吸が乱れると精神が乱れます。そんなときは、まず姿勢を正して、腰を入れて顎を引きます。姿勢がきちんとしていると呼吸が整い、呼吸が整うと精神が整ってまいります。しかし、肩に力が入ってはいけません。

ところが、険しい山道では、この歩き方に弱点があります。だいたい五～十メートル先を見て歩きますので、集中していないと道に横たわる木の根っこが見えない場合があります。それで木の根っこに足を引っ掛けて腰を痛めてしまったこともありました。しかし、集中していると遠くを見ているのに足元まですべて見えるものです。

歩くのは年に四か月ですが、標高差がある大峯山の回峰行では、この間に春夏秋冬を体験します。五月三日に歩きはじめるとき、吉野の山は春の終わり頃で、気温は寒い朝方で三度から七度といったところです。ところが、上に登るにつれてだんだん寒くなってきて、頂上付近では樹氷があったり、道が凍っていたり、雪が残っていたりいたします。気温も氷点下まで下がります。今度は山頂から下りてくると、吉野山は五月のはじめでも日中の気温が三十度を超えることがあります。氷点下と三十度を一日のうちに体験しますので、体も暑いのか寒いのかわからなくなってしまいます。

雪は五月の下旬には解《と》けますが、穏やかな春は非常に短く、すぐに梅雨《つゆ》入りして、五月の末から七月の末までの一か月半から二か月は、来る日も来る日も雨が続きます。梵天袈裟が雨と湿気で腐ってボロボロになってしまいます。その内側はカビだらけの状態で、一年の行で三、四個は壊れてしまいます。本来は一生使えるほど丈夫なものですが、それほど雨と湿気がひどいのです。

梅雨が明けると、山はその姿を一変します。寒いときと夏の暑いときでは歩き方をまったく変えなければなりません。まず気温が全然違います。かなり汗をかきますので水分補給に気をつけなくてはいけません。梅雨明けまではそれほど水を飲まなくても喉《のど》は渇《かわ》きませんが、梅雨が明けると同時にものすごく渇くようになります。かとい

水分（みくまり）神社付近を歩く

って飲みすぎたら体調を崩しますし、飲まずにいると脱水症状になりますので、体のバランスを微妙なところで調節しなければなりません。特に梅雨明けからの一週間は、体を意識的にコントロールしていかないとガタガタになってしまいます。

ところが、こうした夏はほんの一瞬で終わります。八月十日を過ぎると山はもう秋になってしまいます。朝方は急に冷え込みますので、お腹を冷やしたりしないように注意しなくてはなりません。

そして九月のはじめになると、木の葉が黄色に変わっていきます。その頃、一年の山歩きは終わります。百日回峰行のときは、五月三日に歩きはじめて八月十日に歩き終わりました。これからお話しする千日回峰行では、五月三日から歩きはじめて九月の二、三日ぐらいまで歩くことになります。

百日回峰行は平成三年の八月十日に満行《まんぎょう》いたしました。悪戦苦闘の百日でしたが、若さと、勢いで乗りきれたような気がいたします。

満行の日には「何事もなく無事に終わって良かった」「お疲れさま」と、皆さんからお祝いのお言葉をかけていただきました。

それからしばらくして、私はお師匠さんのところへまいりました。

「来年から千日回峰行をしたいのですけど、よろしくお願いします」

私がそう申し出ますと、師匠は、

「おお、そうか」

とだけおっしゃいました。師匠からの細かな指示は一切ありません。ここが修験の行の素晴らしいところだと思っております。

何もおっしゃいませんでしたが、私が千日回峰行をやるのだろうなと感じておられたことと思います。できるかできないかというのを百日回峰行で見定めておられたのだと思います。もし私が百日回峰行でへとへとになっていたとしたら、おそらく「やめとけ」と言われたのでしょう。

こうして師匠の許可を得て、私は念願の千日回峰行に入行することになります。

第四章

心を磨く千日回峰行

覚悟の出発

私の千日回峰行《せんにちかいほうぎょう》は平成四年五月三日、大峯山《おおみねさん》の戸開け式の日からはじまりました。百日回峰行を満行《まんぎょう》した翌年に入行いたしましたので、五十日分が千日の中に含まれます。したがって、平成四年の五月三日は実質五十一日目のスタートということになります。

多少の感慨はありましたが、迷いや不安は全くなく、志を楽しむという言葉がふさわしいかもしれません。百日のときと同じく、前日までは非常にリラックスしておりましたが、すでに腹は据《す》わっております。いよいよ行がはじまる夜の十一時半に目を覚ました瞬間にはもう、どんな楽しい行になるのだろう、どんな困難が待ち構えているのだろう、という気持ちでワクワクしております。まるで遠足に出かける前の子どものように、楽しみで楽しみで仕方がありませんでした。

そうは言うものの、行そのものは相変わらず過酷なものでした。いったん行に入ると一か月ぐらいで爪《つめ》がボロボロになり、三か月目には血尿が出てきます。一年のうちの四か月間を目処《めど》に行じてまいりますが、毎年毎年体がボロボロになって行が終わります。

百九十二日目には右目が充血して腫《は》れあがってきました。三日経《た》っても一週間経っても治《おさ》まらず、それどころかどんどんひどくなってきて、どんな薬をつけても治りません。いろいろ原因を考えてもわかりません。それでも行の間は病院に行くことはできませんので、だんだんと心の中は不安になってきます。

二十四歳という若さから「命の一つや二つ落としてもなんてことはない」という荒々しい気持ちで百九十二日まで行じていたのですが、右目ひとつがかすんできただけで不安になってくる自分を考えたとき、「あんなに強く、命の一つや二つと大きなことを言っていた人間が、右目ひとつが悪くなっただけでどうしてこんなに不安になるのだろう」と思いました。

その瞬間に気づきました。

出発の前、蔵王権現におまいりをする

命は大切にしなければならないものである。「命の一つや二つ」などと軽々しいことは決して自分の口から言ってはいけないし、思ってもいけない。神仏からいただいたこの命は決して粗末にするものではない、と。

どんな薬でも治らなかったのは、命の大切さ、尊さを私に気づかせるための神仏からの強い戒《いまし》めだったように思います。それに気づいた数時間あとには目の腫れが引き、次の日には元どおりになるという不思議な体験をさせていただきました。

千日回峰行に注ぐ情熱は一体どこから生まれてくるのだろうと自分で思うくらい、一心不乱に行に打ち込んでおりました。嫌だなと思う日、行かなければならないと思う日は一日もありませんでした。しかし、心はまだまだ何かに執われていて不安定だったかもしれません。穏《おだ》やかに不安なく安定した心になるまでは紆余曲折《うよきょくせつ》があり、遠い道のりだったと思います。そんな自分の心を支えてくれたのが、家族の絆《きずな》でした。皆で力を合わせ生きてきた家族の絆が神仏を信じきるゆるぎない心に変え、不可能を可能に導いてくれたのだと思います。

《行日誌① 千日回峰行・序盤》

十七日目、行者なんて次の一歩がわからないんだ。行くか行かないかじゃない。行くだけなんだ。理屈なんか通りゃしない。もし行かなけりゃあ短刀で腹を切るしかない。そう、次の一歩がわからないんだ。みんなの幸せだけを念じ、右・左・右・左。

二十四日目、昨日からの不調で少し体力が落ちた。自分のことをかわいそうだなんて思って欲しくない。だって自分が選んだ道だから。でも自分がこうやっていられるのも、母がどんなに辛《つら》くとも休まず倒れず、そんな姿を俺に見せ、「家にはお金はないが、お前に残してやれる財産だ」

と言い、いつも起きていた。それがあるから、こうしているのかなあ。でも決して強くなんかない。誰も知らない布団の中で何回泣いたことか。でも朝起きると人が変わっている。自分でもわからないけれども、これが神仏の力なのかなあ。

三十五日目、母ちゃん、ばあちゃん、この世では俺ぐらいの子を持つ親は、もう孫もいるよね。朝早く起きて無事を祈ってくれたり苦労をかけたりすまないね。でも神さん仏さんのために頑張ろうね。いつの日からこの道を歩みはじめたのだろうか。母ちゃん、誰に聞いてもわからない。なぜなのかわからないけれども、今、母ちゃんとばあちゃんと俺、何なんだろう。でも仏さんも羨《うらや》むだろうと思うよ、この絆は。一緒に暮らしたい、みんなのように親孝行したい、でも今はできないんだ。一緒にいたい、誰が何と言ってもそうしたい。ばあちゃん、俺のためにお茶を断《た》ってくれているんだって。苦しいだろうねえ、辛いだろうねえ。八十を越えて、もう俺とあまり話をする時間も少なくなってきているのに、耳が遠くなってきているのに。昔は布団に入って寝る前に八畳一間の家でよく話したね。今そうしたいね。うんとうんといっぱい話したいね。ばあちゃん、母ちゃん、三人でゆっくり話したいね。いつになったらできるのかなあ、三人で、十年でも二十年でも一生でも三人でいたいね。夜寝ないででも話したいね、ゆっくり話したいね。でもそれができないんだよ、今は。ばあちゃん、母ちゃん、いつかきっと早くその日がくるように。

百六十六日目、雨や風は自分に何を教えてくれるのか。少し足を止めて考えてみると、自分が一本の木であるとしたなら、ただ天に向かって真っ直ぐ伸び、風は自分を鍛《きた》え、雨は自分を潤《うるお》し、太陽の光を受け、ただ天に向かって成長するひたむきさ。大きくなるにつれ、しっかりと根を下ろす木に考えさせられた。

限界と隣り合わせの日々

大自然の中で、神仏はいろんなものに姿かたちを変え、自分を成長させてくれます。それを感じ取るか取らないかは、自分の心次第です。

行がはじまってから順調に進んだ日など一日としてありませんでした。行者がひとたび山に出れば、次の一歩がわかりません。常に次の一歩が生死の分かれ目です。足の置き場所をちょっと違えたら谷底に転落しそうな場所もあります。また、次の一歩を出したときにマムシに咬《か》まれるかもしれません。いつ熊や猪に襲《おそ》われるかもわかりません。転んで足の骨を折るかもしれません。もしも足の骨を折れば、その時点で四十八キロを歩くことは不可能になります。そこで行が失敗したことになり、短刀でもって腹を切るか、紐《ひも》で首をくくるしかありません。常に限界と隣り合わせです。

山からお寺に戻ってきた私が師匠に聞かれて一番嫌だった質問は、「調子はどうや」でした。「調子はどうや」と聞かれて、強がりで「調子いいです」と答えると「自重《じちょう》せえよ」と戒められます。調子がいいからと言って過信のないように、という意味です。それは自分でもよくわかっておりました。逆に「調子が悪い」と答えると、今度は「調子が悪いらしい」という噂が広まってしまいます。

そのうち答え方が上手になりまして、「調子はどうや」と聞かれたときには「はい、ぼちぼちです」と答えるようになりました。そうしますと、「ほう、そうか」という言葉が返ってきます。

でも、内情は大変です。毎日が限界との闘いです。切り傷ひとつできません。たとえば岩にゴツンと擦《こす》って切り傷ができたとします。それをそのままにしておくと、汗と雨ですぐに化膿《かのう》してしまい、大変なことになります。ですから、少しでも切り傷をつくったら、すぐに持ち歩いている消毒液で消毒しながら歩きます。それも二、三時間に一度は消毒しないと傷口が塞《ふさ》がりませんので、切り傷をつくらないように細心の注意が必要になります。

足元は地下足袋《じかたび》を履《は》きますが、これも注意しなければなりません。あるとき、出発間際に足に違和感がありました。しかし、取り換える時間がないのでそのまま出発しました。すると、山から帰ってきたときには五センチぐらいの大きなマメができています。毎日四十八キロ休まず歩き続けますので、マメが治るまで三週間はかかります。それからは、少しでも違和感があると感じた時点で地下足袋を替えるようにしました。たとえ下ろしたての新しいものでも、足に合わない場合は使うことはできません。

毎日がそういうアクシデントの連続です。熱っぽいときもあれば、お腹を壊しているときもあります。あっちが痛い、こっちが痛いというのは普通のことです。珍しく調子が良いと思って歩いていても、木の根っこにつまずき腰を痛めたり、そういうトラブルの連続で、痛みを隠しながら、行を続けました。

生きるか死ぬかの正念場

アクシデント、トラブルは日常茶飯事でしたが、千日回峰行において一番の正念場は四百九十日あたりの十日間で、十キロほど痩《や》せたときでした。このときはまさに生きるか死ぬかの瀬戸際まで追い詰められました。

悪天候の急坂を下る

お腹を完全に壊してしまい、食べれば下痢《げり》、食べれば下痢の繰り返しでした。お腹が冷えたのか、悪いものを食べたのか、理由は定かではありませんが、四百八十八日目ぐらいにちょっとお腹の具合がおかしいなと思っていたら、そこから一気に体調が悪化していきました。一番ひどいときには、食べたものが二時間ほどで下から流れてくる状態になってしまいました。

首も回らなくなり、腫れあがってしまい、熱が三十九度五分を超え、頭もズキズキ痛みました。どんな薬を飲もうが、どんな手当てをしようが治りません。何を食べても水みたいな便がシューッと出るばかりでした。

特にひどかったのは四百九十四日目です。季節は盛夏の八月、その年の行も終わりに差し掛かっていました。意識が朦朧《もうろう》とする中、行を続けていました。首は激痛で動かないし、高熱は出るし、腹痛は止まりません。それでも決して人に覚《さと》られたくはありませんでした。人に心配を与えるようでは行者失格だという強い意志で、何とかみんなにばれないようにと気を配っていました。

しかし、そうは言っても一日一キロずつ痩せてきます。頬《ほお》はこけ、あばら骨が見えてきました。それまではどんなに体が辛《つら》くともまわりの人には気づかれませんでしたが、このときばかりは隠そうにも隠しきれませんでした。何しろ十日で十キロも痩せてしまったのです。それでも「最近痩せたね」と聞かれれば、「ううん、大丈夫、大丈夫」と答えていました。それはやせ我慢で、本音はもちろん違います。「これはきつい。いったい、いつまで続くのだろう」と不安な気持ちになります。

とにかくどんな手を使ってもお腹が戻りません。お寺で護摩《ごま》の灰を食べると腹痛が止まるという昔からの言い伝えを耳にしたことがあり、本当か迷信かわかりませんが何とかしたいという気持ちで、お堂の裏に捨ててある燃やした護摩木の炭をボリボリと食べてみましたが、まったく効果はありませんでした。

結局、四百九十四日目は葛湯《くずゆ》を一杯だけで四十八キロを歩いて帰ってきました。そして四百九十五日目の朝、目を覚ますと、まったく、体が動きません。やむを得ずいつもより一時間ほど遅れて出発することになりました。高熱の中、ふらふらになりながら滝に入り、五百段の階段を上って参籠所へ行きました。やっと着替えを済ませて山に行こうと思うのですが、気力がまったく出ません。

しかし、それでも行かなければ自分自身の行はここで終わってしまいます。意識が朦朧とするなかビニール袋に二リットルの水を入れたペットボトルを四本入れて持ち、杖《つえ》も持たず、笠もかぶらずに山に向かいました。なりふりなど構っていられる状態ではありません。ただ、水だけは飲まないと脱水症状になって危険だと考え、四本のぺットボトルを持っていきました。

出発のときも「あぁ、どうしようか」と不安な気持ちは消えませんでした。思うように体も動かないし足も動きません。汚い話ですけれど、五十メートル進んでは下痢、百メートル進んでは下痢というありさまでした。四キロ歩いて金峯《きんぷ》神社を過ぎ、さらに一キロほど歩いたところでとうとう力尽きて、小さな石につまずいてしまいました。運悪く両手に持った水が振り子のようになり、そのまま三メートルぐらい飛ぶようにして転んで体が地面に叩《たた》きつけられました。

「あぁ、とうとうここで終わりか。体の力も抜けてくる。これ以上前に進むことすらできないかもしれない」

起き上がる力は残っていませんでした。体はまったく動きません。倒れたまま寝ていると、とても気持ちがよく永遠に時間が止まってほしいと思いました。しかし、いつまでもこうして寝ていたら、行が続かなくなる、そのときはここで短刀で腹を切ることになるのか、とも思いました。

私が覚悟しかけたそのとき、ふと心に湧《わ》きあがってきた言葉がありました。母が修行に出発する前に言われた言葉が突然浮かんでまいりました。

「どんなに辛くとも苦しくとも、岩にしがみついてでも、砂を嚙《か》むような思いをしてでも、立派になって帰ってきなさい」

それが浮かんだ瞬間、わずか数分間の間に、自分の人生のいろいろな場面が走馬灯のように甦《よみがえ》ってきました。

俺が小さい頃から、母は病弱で心臓を患《わずら》ってたなあ。そんな中でも、お金がなくても常に頑張って俺を育ててくれた……。

中学校二年生のときに離婚をしたあと、女手ひとつで、ばあちゃんと俺を養ってくれたなぁ……。

お金はなかったけれど、近所の人や親戚のみんなが夜のおかずを持ってきてくれた。あのときのコロッケ、美味《おい》しかったなぁ。辛いときほど、みんなからの温かい励ましや気遣いを受けたなぁ。

俺が十八歳になったとき仕事をすれば、月々の給料を家に入れることもできるのに、母は「私のことは心配しなくていいから。なんとかしていくから、お前は自分の道を極めてきなさい」と力強く励ましてくれたな……。

寺に行くその日には、「もうお前の帰ってくる場所はない」と俺の食器をすべてゴミ箱に投げ捨てた。そんな気丈《きじょう》な母親がいたなぁ……。

懐かしい風景が脳裏《のうり》を駆けめぐっていきました。そのとき思いました。そういえば母が言っていた砂を噛むというのは一体どういう感じなのかな、と。

私は目の前にあった砂を自分の舌でなめて噛んでみました。

「なるほどなぁ、これが砂を噛むってことなのか」

噛めば噛むほどとても変な感触です。そんなことを思っているうちに正気に戻ってきました。

「こんなことしていられない。今、自分がこうしていられるのも皆さんのおかげだ。もう一度みんなのために歩き出さなければならない」

何とか立ち上がり、ふらふらになりながら涙と鼻水を流し、ボロボロになって歩きはじめました。そうやって歩いているうちに、だんだん気持ちに火がついてきました。その時点でいつもより二時間は遅れています。体はボロボロ、高熱は相変わらずです。でも、そこからただ必死に走り続けました。後先考えずに走り続けて、山頂に到着したのはいつもと変わらぬ午前八時半でした。全身からものすごい湯気が出ていました。

このときは根性だけで登ったと言っていいと思います。侍《さむらい》のような魂で、気がつくと「うおーっ」と声を出しながら登っていました。「願わくば、我に七難八苦を与えたまえ」と言ったのは戦国武将の山中鹿之介でしたが、そのときの私もまさしくそういう心境で自分の力で限界点を押し上げたという感じでした。

ここでどうやら峠を超えたようで、それを機に腹痛はだんだん治まってきました。四百九十六日目ぐらいから回復に向かい、五百日以降は平常どおりになりました。千日のうちで、この十日間が体調面では最も苦しかったように思います。まさに生死をかけた十日間でした。

このときのことを行の日誌に次のように書き綴っていました。いくつかご紹介してみたいと思います。

四百八十八日目、左足痛い、腹痛い、たまりません。冷たい風で体冷えたのか、節々痛い。雷鳴りそう、たまらん、生き地獄。

四百八十九日目、腹痛い、たまらん。体の節々痛く、たまらん。道に倒れ木に寄りかかり、涙と汗と鼻水垂れ流し。でも人前では毅然《きぜん》と。俺は人に希望を与える仕事、人の同情を買うような行者では行者失格だと言い聞かせ、やっと帰ってきた。何で四十八キロ歩けたんだろう。さっき、酒屋のおばちゃんがすれ違いざま、「軽い足取りやねえ、元気そうやねえ」と。俺は「はい、ありがとうございます」と答えたが、本当は違うんだよ。俺の舞台裏は誰も知らないだろう。いや知ってくれなくていい。誰に見られるということを意識しない野に咲く一輪の花のごとく、御仏《みほとけ》に対してただ清く正しくありたい。

四百九十日目、熱三十八度、節々痛く首も回らない。食えば下痢。でもみなが言う。「元気そうやねえ」と。

四百九十四日目、今までにない苦しみ、下痢は二十回以上、食ったもんは二時間で出てくる。小便《しょんべん》は出ない、出ても真っ茶、いやこげ茶色。道端に倒れ、泣いて、ただ必死にボロボロになってたどり着いた。

これほど長くひどい状態が続いたことはありませんでしたが、行の後半にも一度、かなり厳しい状態になったことがあります。

千日も最後のほうになると、だんだん体が衰えてきて、溜《た》まった疲れを取りきれないまま次の年の行に入らなくてはなりません。その日は朝から生あくびが出て、なんだか気持ちが悪く、吐き気を催《もよお》していました。出発して二キロほど登ったところにある水分《みくまり》神社の手前で、心臓の様子がおかしいことに気がつきました。と同時に、体の力が抜けていくような感じになり、水分神社に到着して般若心経を唱えている間にふらふらしてきて、そのまま神社の石段に倒れこんでしまいました。死ぬのかもしれないと思いました。気が遠くなって、体がふわっと軽くなりました。あぁ心臓が苦しいな、気持ち悪い、吐き気がする……そう思いながらも必死に祈りました。

「水分さん、お願いします。行を続けさせてください……」

そう強く祈りながら、それからあとの記憶がありません。しばらくして気がつき、「あぁ、今、寝てたんだ」と思って時計を見ると、いつもより十五分遅れています。気がつくと、心臓が元に戻り、それから以降はいつものとおりです。行の中では実に不思議なことがたくさんあります。

大自然と向き合って

●崖崩れ

行の間は毎年、必ず何かの試練を受けます。肉体的には今お話ししてきたようなことが一番苦しかったのですが、大自然の驚異にもしばしば遭遇いたします。

七百十六日目には、大きな崖崩れに遭いました。幅五十メートル、高さ二、三百メートルぐらいの四十五度の斜面が完全に崩落していました。低気圧が停滞していたところに台風が通過したため、長雨と風で崖が崩れてしまいました。私が通るほんの少し前に崩れたようで、まだ上からバラバラと石が落ちてきていました。道は完全になくなっていました。

しかし、何としてもここを通らなくては先に進めませんし、行かなければ行が終わってしまいます。「困ったなぁ、でも行くしかない」と意を決したのですが、だいぶ

一歩一歩悪路を進む

上から崩れていますので上に迂回《うかい》することはできそうにもありません。下は急な崖になっていますので下を回ることもできません。どうすることもできず、そのまま進もうと思ったのですが、そのとき道が前後五メートルぐらいゴーッと崩れて膝《ひざ》まで埋まってしまいました。ものすごい恐怖感がありました。それでも進むしかありません。いろんなところにすがりつきながら、全身泥だらけになって前進しました。

結局、いつもなら数十秒で通れるところに三十分ぐらいかかりました。道の脇にはえていた木も完全になぎ倒されていますので、どこが道だったのかもわかりません。その倒れた木の間をくぐりぬけながら進んで、沢を登ってやっといつもの道に復帰しました。行日誌を見ると、こんなふうに書いてあります。

七百十五日目、台風九号直撃、三時間の仮眠で出峰する。雨、風、もう手のつけようがない。けもの道を通り、風を避けながら、雨が強すぎて耳も痛い、手や顔も雨で叩きつけられて痛い。全身びしょ濡れ、命いくつあっても足りん。

七百十六日目、道は荒れ、大天井ヶ岳が幅五十メートルにわたり完全に崖崩れ。行ゆえに行くしかない。普通なら怖くて絶対行かない、いや行けない。でも行かねば。

やっとの思いで山頂までたどり着いたものの、帰りはどうしようと考えましたが、同じ道を通るしか方法はありません。「よし、ロープを使おう」それしか手立てはないと考えながら山を下ってきました。

大天井ヶ岳は崩れやすい山でしたので、行のはじまる前に山に登り、万が一崖崩れがあったときのことも想定して、その区間の大峯山側と吉野側の二箇所にロープを隠しておきました。非常に傾斜がきついところでしたから、崖崩れがあったなら大変なことになると思い用心していたのが幸いでした。

その隠しておいたロープを使おうと考えました。隠し場所からロープを取り出し、それを担いで崖崩れのあった場所まで下りました。嶺側の木にロープの一方を結び付け、吉野側まで木伝いにロープをまわし、そちらの木にもロープを結んで帰ってきました。

それが正解でした。次の日に行くと、同じ場所がもっと崩れていて、ロープがなければ先には行けなかったと思います。何事も備えあれば憂いなし、大きなことを成す時には用心しなければなりません。

その後しばらく、山の人たちが道の補修をしてくれるまでの間はロープ伝いに行き来しました。細いロープ一本でしたが行を続ける大切な命綱となりました。

●横に走る雷

夏の山は恐ろしく、雷の中を歩かなければならないときもあります。

雷雲の流れを読んで行動しなければなりません。経験と直感が必要になります。常に自分の勘を鋭くしておかなければなりません。雷が近づいてきたときに、そこで立ち止まるべきか、前に進むか、雷雲の流れを山の地形と体力を考慮しつつ速《すみ》やかに決断しなければなりません。躊躇している時間がありません。

運悪く雷雲が山の尾根を通り過ぎるときに、その雷雲の中に入ってしまうと生きた心地がいたしません。たった一度だけ、標高千五百メートルの蛇腹《じゃばら》といわれる地点でまともに雷雲の中に入ってしまったときがありました。尾根伝いに歩いているときに雷雲が近づいてきて、ゴロゴロと鳴り出しました。登り道で、いくら足を速めて急ごうと思っても無理な場所でした。あと一時間後には山頂に到着しなければならない、とにかく登るしかないという状況でした。やがて真っ黒な雷雲が尾根にかかってきて暗雲につつまれました。

それは朝の七時過ぎでしたが、あたり一帯が真っ暗になりました。普通のガスがかかった状態とは明らかに違います。かすかにビーッというような変な音が耳に響いて、何だか自分が変な空間につつまれたように感じました。その瞬間、

ピカッ！

と稲光がしたかと思うと天地が張り裂けんばかりのバリーッという轟音《ごうおん》が響き渡りました。見ると稲妻が、

バリバリバリ

と横に走り、何かに当たってパーン！　と爆発するかのような音がしました。鼓膜が破れるのではないかと思うほどの強烈な音です。

こうなりますと、もうどうしようもありません。ただうずくまって「自分のところには落ちませんように」と祈るだけです。

雷は金属に落ちるとか、より高いところに落ちるとか言われていますが、山頂ではどこに落ちるかまったく予測がつきません。怖くて腰につけている熊除《よ》けの鈴を遠くに投げましたが、短刀は大切な守護刀ですので投げるわけにいきません。お腹に隠すようにうずくまって雷が通り過ぎるのをただ待ちます。その間はもう生きた心地がしませんでした。

やがて、雷が尾根を越えて反対側でゴロゴロゴロと鳴ったときは心から安堵《あんど》いたしました。鈴を拾い、歩きはじめ、しばらく行きますと、雷が落ちた岩が砕け散っています。草がなぎ倒され、土がえぐりとられている場所もありました。それは稲妻が落ちて谷のほうに走っていった跡だと一目でわかりました。

大自然は本当に怖いところです。行の期間中は雨降れば雨、風吹けば風、お山の中では屋根がありません。屋根のあるところでの生活は一日四、五時間です。あとは雨や風の中に身を置いて大自然の中での生活になります。

修験《しゅげん》とは深山幽谷《しんざんゆうこく》に分け入り、一草木より自然の理《ことわり》を悟り、自分の心と照らし合わ

急な坂道を登る

せ反省する、まさに実修実験の日々です。人の心の中には善いものもあれば悪いものもありますが、お山には、大自然には、嘘偽りがありません。

　そうした大自然の景色を観て、感動を覚えることもしばしばありました。ある夜、真夜中に雲ひとつないきれいな星空が広がっていました。そこに眩《まぶ》しいくらいに皓々《こうこう》と輝くお月さま。ちょうどそのとき、山にガスがかかり、私が目にしたのは、月の光で出た七色の虹でした。あの真夜中の虹を見たときは震えるほどの感動を覚えました。決して幻覚ではなく、確かにこの目で見たように記憶しております。

また、大峯山には非常に景色のきれいな場所があります。ちょうどすり鉢状になっていて、尾根の東側が大きく広がっています。そこにお天道《てんとう》さまが昇ると、遠くの山々まで見通すことができます。いつもその場所に差し掛かると、東北の方角を向いて、仙台に居る祖母や母にほんの一瞬だけ「今日も元気で……」と心の中で祈りを捧げます。

行の間、親が生きているのか死んでいるのかわかりません。万が一親が死んだとしても、行の最中には行者には知らせないというのが行の決まりです。親を忘れ、親を捨てての行なれど、ほんの一瞬、わずか三秒ほどの時間をいただき、陰ながら祈り、また、自分の行のすべてを神仏や、みなさんの為に捧げる気持ちで歩み、どんなものにも執れない穏やかな心になれるよう一歩一歩、前に進みました。

《行日誌② 千日回峰行・中盤》

四百四日目、油こぼしの坂を登るときの太股《ふともも》の痛みは息も震えるほどたまらんものだったが、心乱さず御仏《みほとけ》のためにと思ったら乗りきった。思い出に残る日だなあ。

四百五日目、右の太股《ふともも》痛い、早く歩こうにも歩けんし、まいったまいった。これで雨も七日目になるし、寒くて寒くてまいったまいった。明日はどんな日かなあ。帰って来てからの一杯のお茶のおいしいこと、おいしいこと。

四百六日目、やっと股の痛みもやわらぎ、下腹に力を入れ、腰を入れる歩きができるようになった。たとえどんな苦しみも過ぎてしまえばただの思い出。

四百五十九日目、人として生まれ何をなすべきかと覚りて、どう生きればと悩みつつ、あっという間に人はあの世に帰る。ただ思うは、清く正しくありたい。

五百二十六日目、行じえる中に人生の何たるかを知る。行じて思うは命の尊さ。行じて歩みゆけど終わり無し。行とは何ぞやと追い求めても、風を見ようとしているのと一緒。人なんて縄張りを争う小鳥のようなもの。

花は自分の隣に、どんなきれいな花が咲こうとも妬《ねた》まない、姿を変えない。

五百五十四日目、歩んだ道を振り返れば涙と汗で滲《にじ》んでいる、それがあるから今がある。

修行とは、風呂に入って体を洗うように心を洗うようなもの。

野生動物との遭遇

●熊に襲われる

山の中では猪や鹿にはよく出くわしますが、怖かったのは熊に襲《おそ》われかけたときでした。四百六十日目に、いつものように山頂付近を歩いていると、突然背後からドンドコドンドコと地響きがします。ふと振り向くと熊がすぐ後ろまで迫ってきていました。「森のくまさん」の歌からイメージすると熊は行動がゆっくりしているように思いますが、実際はかなり動きが機敏《きびん》で、大きな冷蔵庫が飛んでくるような迫力でした。

このときは朝八時ぐらいでした。洞辻《どろつじ》茶屋という洞川から大峯山に登る道と吉野川から登る道が合流するところで、大峯山頂まであと二キロほどの地点です。洞辻茶屋からは道が少し広くなりますが、その道を歩いているときに十メートルか十五メートル後ろから牙《きば》をむき出しにした熊が「ウオー！」と唸《うな》りながら向かってきました。

本来は熊除けの鈴をつけてリンリンと音を鳴らしながら歩くのですが、大自然の山の気や、風の音、鳥のさえずりに耳をかたむけると、自然に鈴を止めて歩いてしまいます。また落石などの音も聞こえやすいので、危険と知りつつ熊除けの鈴を鳴らさずに歩いてしまいます。

まるで一瞬一瞬がスローモーションのように思えました。「これはまずいな、とりあえず逃げなくては」と一瞬で判断して逃げる自分がいます。しかし、必死に逃げていても、なかなか足が前に進みません。

なぜか頭の中はとても冷静で、走っている間も「このままでは数秒後に背中から襲われる」と考えました。これを回避するには腰の短刀で熊に向かうか……。でも、それは間に合いそうにありません。短刀は普段使わないもので、ビニールでぐるぐる巻きにしてあります。短刀で立ち向うのは無理だと即座に判断しました。

よし、まず後ろを向いて杖を投げつけよう、それから熊に向かっていって威嚇《いかく》しよう、これしかない！

おそらく一、二秒の間だったと思いますが、そう決断しました。

考えたとおりに振り向いて杖を投げつけてから「ウオーッ」と大声を上げて熊に向

洞辻茶屋

かっていきました。すると熊は突然こちらが向きを変えて迫ってきたのでびっくりしたのか、九十度向きを変え、上に向かって逃げて行きました。

その日の行日誌にはこうありました。

四百六十日目、洞辻で熊がすぐ後ろまで襲ってきてビックリした。山は怖いところだ、命が幾つあっても足りん。

もしそこで熊に襲われていたなら、今の自分はいなかったと思います。

●マムシと睨み合い

命にかかわるといえば、なんといってもマムシです。夜中に歩いていて自分の右足を出したところにもしマムシがいて咬《か》まれてしまったら、そこで行は終わりです。血清《けっせい》も間に合いません。確実に命を落とすことになります。マムシはいつどこに出てくるかわかりませんので行者にとってはとても厄介《やっかい》です。

夜中に提灯の明かりを頼りに歩くときは、道の先に微《かす》かに見えるものが木の枝なのか、それともマムシなのかと判断しながら歩を進めます。一瞬たりとも気が抜けません。一度ご飯を食べていて、腰を下ろしたすぐ五十センチ横にマムシがいたときは血の気が引きました。

マムシは体長の三倍ぐらいが攻撃の範囲といわれております。とぐろを巻いている状態が一番危険な体勢で、そこから体長の三倍まで飛ぶと、山のおじさんたちから聞いていました。

マムシは毒を持っているため攻撃されても負けない自信があるのか、人間が歩いて

提灯を手に夜道を行く

いってもまったく逃げようとしません。そういうときは鎌首を上げたマムシと睨《にら》めっこです。しばらく睨み合いをして「自分には敵《かな》わないな」と思うと、マムシは自分から悠々《ゆうゆう》と逃げていきます。

また、マムシがいることに気づけばいいのですが、いつも気づくとは限りません。マムシを見つけるには常に足元に意識を集中していなくてはいけませんが、足元ばかり見ていたのでは背中が丸まってしまい、良い行ができません。かといって背筋を伸ばそうと遠くに視線をやると、今度は足元が見えなくなります。それで気づかずに咬まれてしまうのは自分の不注意です。長靴を履いていれば大丈夫なのでしょうが、地下足袋ですから咬まれたら簡単に牙が入ってきます。

毎年八月頃になりますと、歩きはじめてすでに九十日は過ぎて梅雨も明けています。四十度を超える暑さの中、山道は草が生《お》い茂り、足元も見えない危ない区間がありま す。時間に追われています。気力も体力も限界すれすれです。足元を確認しながら下りてきたのでは、とても帰ってはこれません。運を天に任せ、一気に駆け下りてきます。

マムシが近くにいると山椒《さんしょう》のような独特の臭《にお》いがします。マムシだけではなく、獣《けもの》が何分か前に通ったら、その獣の臭いもわかります。獣の臭いがするなと思ったら、そこに修行道を横切るけもの道が見つかることもあります。

このように視覚や聴覚だけではなく嗅覚《きゅうかく》まで研《と》ぎ澄ませて、時には石橋を叩くように用心し、また運を天に任せて後先考えずに進まなければならないときもあり、無事で帰ってこられることが日々奇蹟《きせき》です。決して自分の力だけではありません。いや、ほとんどが神仏の冥加《みょうが》以外考えられません。

●ヤマダニとアブ

マムシは目に見えるのでまだ避けようもありますが、小さくて危険な生物もいます。その代表格がヤマダニです。

ヤマダニはゴマ粒ぐらいの大きさで、笹藪《ささやぶ》のようなところにいて、人間や獣が歩いてきたときにくっついてきます。そして、だんだんと衣の中に入ってきて、皮膚の中に体半分をねじこんで血を吸います。取ろうと思ってもなかなか取れません。うまく取らないと、中に入った頭がそのまま残ってしまう場合があります。そうなるとオーバーではなく太股《ふともも》が倍ぐらいに腫《は》れ上がります。ヤマダニに刺されたときはヤマダニの入り込んだ皮膚を捻《ね》じるようにして、上手に取らなくてはなりません。

とはいえ小さな生き物ですので、気をつけようもありません。このヤマダニには何度も刺されました。ヤマダニは刺すと血をどんどん吸いますからお尻の部分が大きく広がってきます。それでどこが刺されたかわかるのですが、そのときはピンセットを使って上手に抜かなければなりません。一番怖かったのは首筋を刺されたときです。

首の後ろでしたので見ることはできませんし、失敗したら腫れ上がってしまいますから一か八かの賭けのようなものでした。

事前の予防策というのもありません。歩いているとき十分に一回ぐらい全身を手で払ったりするぐらいです。ヤマダニは炎天下には出ませんので、朝方と真夜中は特に注意して歩かなければなりません。

また、六月の梅雨の時期にはアブが出てきます。アブが多く発生する区間があり、そこを歩くと二、三十匹ぐらいのアブが一緒について飛んできます。アブに刺された瞬間に激痛が走ります。刺して血を吸うのです。蜂《はち》はお尻から針を出して刺しますけれど、アブは蚊と一緒で、口もとの針で刺します。刺されたあとは痒《かゆ》くてたまりません。白装束でほとんど全身を覆《おお》っているのですが、その隙間《すきま》から上手に入ってきて刺していきます。

一番痛かったのは頭を刺されることです。髪の毛にとまって、その中を掻《か》き分けて中まで入ってきて刺します。行の間は刃物を肌にあてることはできない決まりで、髪の毛も髭《ひげ》も伸びた状態になっております。六月末頃になると髪もずいぶん長くなっていますので、アブにとっては格好の標的です。髪だけではなく髭の間に入ってきたこともありました。

小さき命を救う

行の最中は一匹たりとも殺生《せっしょう》はしたくないと心がけておりました。虫とはいえ大自然の中で生活を共にしている同じ命です。たとえ一匹の虫の命であろうと大切にしたいという思いがありました。

朝の八時半頃に大峯山の山頂、山上ヶ岳に到着いたします。そこで食事をしてお水とご飯を補給し、また来た道を吉野山に向けて下ってきます。夏場でも山頂は涼しいのですが、山下の吉野山のほうは厳しい照り返しがあり、大変な暑さです。

あるとき、残り四キロ地点を歩いておりますと、舗装された道路の上で苦しんでいる一匹のミミズを見つけました。雨上がりの午後の二時ぐらいでした。よく見るとミミズは半分干《ひ》からびて、苦しそうにもがいていました。

そのまま通り過ぎて十メートルほど行ったときに、ふと思いました。

このまま自分が放っておけば、あのミミズはおそらくあと数十分で息絶えてしまうだろう。

そう思ったときに、たった一匹のミミズでもせっかくこの世に生まれてきたのだから、少しでも命を長らえさせてあげたいという気持ちが湧いてきました。行の間は一分一秒の時間が貴重なのですが、ミミズのところまで戻り、ミミズを素手《すで》で拾い上げて、土のあるところまで運んで行き、杖で穴を掘ってミミズを置きました。そして、水筒から水を口に含んで、地面に四つん這いになってミミズに向かってぷーっと吹きかけ、その上から土をかぶせてやりました。

すでに四十キロ以上歩いていますので、小さい水筒には底から三センチぐらいしか水が残っていません。この残った水を一口一口上手に喉《のど》に流し込んで目的地に到着しなければなりません。炎天下で水を補給する場所はもうどこにもありません。四十八キロ地点のお堂に到着するときにちょうどなくなるようにしっかり計算して、大事に大事に残していた水です。

しかし、自分の行のことだけを考えて見捨ててしまえば、そのミミズはそこで死んでしまうかもしれません。自分が苦しいからといって自分のことだけを考えるようでは行者失格です。誰が彼がじゃない、誰が見ていなくても困ったものに手を差しのべさせていただくのが一人前の行者だと思い、自分なりに歩ませていただきました。

千日の間に、そうやって土に戻したミミズはおそらく数百匹あるいはそれ以上いると思います。ミミズだけではなく、水たまりで上を向いて脚を動かしているコガネムシやカブトムシを見つけると手を差しのべ、目についたものは手を差しのべてあげたいという純粋な気持ちでした。

行をしているときはお山の中なので、誰が見ているわけでもありません。行じていればそんなことはしなくてもいい決まりになっています。しかし、なんとなくいつの日からかそうしてきました。振り返ってみれば、そんな目に見えない功徳《くどく》がめぐりめぐって無事に行を行じさせていただいたのだと思います。

不思議な出来事

山を歩いていると不思議な出来事も多々ありました。それは行で体が疲れすぎての幻覚なのか、仏さまの試練なのか計りかねますが、不可思議なことはたくさんありました。

●揺れる提灯

お寺を出発して四キロは舗装道路が続きます。行がはじまったばかりの頃は山の怖さも知りません。マムシがうろちょろしていることすら知りません。足元がいいので緊張せずに歩いていると、突然大きな音とともに天地がひっくり返ったように体が転がっていました。疲れていて歩いているうちに寝てしまい道路脇に落ちて、気がついたら側溝にはまっていました。体中が痛かったのですが、何とか這い出して歩き続けました。歩きながら眠れるとは思いませんでしたので自分でも驚きました。

四キロ地点を過ぎると舗装された道は終わり、一尺（約三十センチメートル）ほどの幅のけもの道が続きます。二キロほど山に入った五十丁という場所の下あたりに右に曲がるとてもきつい上り坂があります。ゆっくりと登っていたのですが、つい歩きながら寝てしまいました。そのとき突然、足が重くなりました。何かに足首をつかまれたような感じがしました。「あれ？　足が動かない」と思ったところで「あぁ、寝てたんだな」と気がつきました。

あたりを見渡して「今どこだろう」と確かめると、その場所から三十センチぐらい足元の二十メートルぐらいの高さの崖がありました。もう一歩足を踏み出したら、そのまま転落していたと思います。なぜそこで足が動かなくなったのか不思議ですが、御仏《みほとけ》のご加護によって動かないように止めてくださったのではないかと感謝しています。そういう怖い思いをしてからは、歩きながら眠るということはなくなりました。

その場所では不思議な現象がしばしば起こりました。あるときは風もないのに提灯が揺れました。いつも午前三時過ぎぐらいに通るところで、一回目の食事をとる場所と決めていました。二個のおにぎりのうち、一個の半分をそこで食べます。ちょうど杖が引っ掛かるような二股になった枝ぶりのいい大きな松の木がありました。その木の股に杖を引っ掛けて、提灯をぶら下げます。木の下には腰掛けるのにちょうどいい岩がありました。そこは体を包み込んでくれる窟《いわや》のようになっていましたので、雨風もしのげます。それで、いつもそこの岩に腰掛けておにぎりを食べていました。

ある日のこと、いつものようにおにぎりを食べていると、風もないのに提灯が揺れはじめました。見ていると、その揺れがだんだん大きくなります。おかしいなぁと思い手で止めますが、手を離すとまた揺れはじめます。風があるのかなぁと思って提灯の上の蓋《ふた》をポンと開けて中のローソクを取り出してみてもローソクの炎は揺れません。その繰り返しですので、これは何かにいたずらをされているんだろうなぁと思い、「こっちも忙しいんだから遊ばないで」と言うと、揺れはピタッと止まりました。

別に怖くはありませんでした。それまでにもいろいろなことが起こっていたからです。たとえば、そこがご飯を食べる場所として決まりかけた頃には、食べ終わって出発すると必ず頭が割れそうに痛くなりました。何十日と同じことが繰り返されましたので、これはおかしいなと思って、お祈りをしました。

「ここはご飯を食べるのにちょうどいい場所なので、どうかご飯を食べさせてください。お願いします」

するとその日からまったく頭痛がしなくなりました。これも不思議な体験でした。

●石を投げる餓鬼と武士の亡霊

不思議な話といえば、やはり最初の頃に地獄絵図に描かれているような餓鬼《がき》が出てきたことがあります。ガリガリに瘦《や》せていて頭が大きく、目がギョロリとしていて髪の毛が長く、お腹だけはポコンと出ています。身の丈は三尺（約九十一センチメートル）ほどでした。

それはご飯を食べる窟よりも三十メートルほど手前の場所で、手すりのついた五メートルぐらいの長さの丸太橋があるところでした。そこに三匹の餓鬼がいました。餓鬼は私に石を投げつけてきました。もちろん幻なのですが、飛んでくる石に当たらないように思わず逃げてしまいました。その餓鬼は二十秒ぐらいすると見当たらなくなりました。

また、四キロほど登ったところに神社があります。その神社に木製の低いテーブルのような形の腰掛けがありました。水を一杯飲もうとそこに腰掛けたのですが、しばらくするとまわりに白い霧のようなものがただよってきました。自分が疲れているせいか、あるいは幻覚だろうと思っておりましたが、そのうちなんだか様子がおかしくなってきました。

どうしたのだろうと思っていると、急に体が腰掛けの上に仰向《あおむ》けに押し付けられて動かなくなりました。何が起こったのか見当もつきません。ただ直感的にこのままでは危ないと思い、お経を唱えました。しかし、般若心経を唱えてもどんなことをしても体は固まったまま動きません。

そのうち押さえ付けられている力が少し緩《ゆる》んだような気がいたしました。その瞬間、腰掛けの中からぬっと手が出てきて、首にまわってきました。首を絞《し》めようとしていると感じました。これに首を絞められたらもしかしたら死ぬかもしれないと思い、無我夢中で首の横にあった手に嚙みつきました。すると明らかに何かを嚙んだ感触があります。昔の武士が手にしている手甲鎧《てっこうよろい》のようなものを噛んだような気がしました。慌てた私は力を振り絞《しぼ》って暴れました。するとようやく体が動きました。「しめた」とばかり起き上がって身構えた瞬間に、その手は腰掛けの台の中に消えていきました。姿かたちは見えませんでしたが、これが行の中で一番怖かった体験です。

あとで知ったことですが、そこは昔、後醍醐《ごだいご》天皇の南北朝時代に激戦があった場所だという話で、その古戦場跡を私は午前二時の丑三《うしみ》つ時に毎日通っていたのです。

その場所は、肝《きも》の据《す》わった行者が真っ昼間に通ってもとても寂しいと言うところです。百日回峰行者がみんな口をそろえて「あの区間だけは怖い」と言います。そのため、いつの頃からか行者の中では神社から先の一キロぐらいまでは魔の区間と呼ばれるようになりました。普通は山の奥に行けば行くほど怖くなるものですが、その区間を抜けて奥に入ると逆に清々《すがすが》しい気分になります。何とも山は不思議なところです。

●仙人と天女

仙人みたいな行者さんに出くわしたこともあります。身の丈が三メートルぐらいはあるような大きな行者さんでした。もちろん幻を見たわけですが、朝方まだ夜が明けきらない頃に十キロ地点の山道を歩いていたところ、突然、目の前に髭を生やした仙人が現れたのです。その仙人は杖を持ち、ボロボロの衣のようなものを着て宙に浮かんでいました。そして威厳《いげん》のある声で「金《かね》の御嶽《みたけ》金の御嶽と言う愚か者どもよ、ここは神《かみ》の御嶽なり」と言ったかと思うと、すーっと天に消えていきました。

金峯山には昔から金が埋蔵《まいぞう》されているという噂がありました。お寺の伝承によれば、釈迦入滅の五十六億七千万年後に弥勒菩薩《みろくぼさつ》がこの世に現れたとき、救いの法のためにその金をお使いになるという伝説です。そのために金峯山と命名されたという説もあります。

幻覚なのでしょうが、まったく予期せぬことを言われたのが何とも不思議でした。ただただ不思議な出来事、不可思議な世界というしかありません。

水分（みくまり）神社の石段を下る

最初の頃は怖い幻覚を多く見ましたが、それがだんだんきれいなものに変わり、三年目ぐらいからは神さま仏さまのようなものを見るようになりました。

いつもと同じように登っていくと、あたりが急に何かにつつまれたように明るくなりました。気がつくと、私の足元を含めあたり一面が黄金色に輝いておりました。そのキラキラ光る中を歩いているのです。さらに目の前には金剛石《こんごうせき》、つまりダイヤモンドの山があり、きれいな衣を着た二人の天女が宙を舞っていました。その天女は、三十センチぐらいの袋にダイヤモンドの塊《かたまり》を二、三個入れると、私に差し出しました。私がそれを受け取ると、そこから天に向かってまっすぐに伸びる金色の一本の道が続いているのが見えました。

この道は「まだ先がありますよ」という意味なのだろうと私は解釈しました。毎日一所懸命に頑張っているから、金剛石というたとえで何か自分に徳を授けてくださったのかなと思いました。それでもまだまだ修行には上がありますよ、努力しなさい、ということなのかなぁ、と感じたところで、すーっと幻は消え、現実世界に戻りました。

また別のときには、黄金色に光り輝く世界の中におりました。らせん状の道を私が登っていると、空中に大日如来《だいにちにょらい》さまやいろいろな観音さまがきれいな金色に輝いて宙に浮いていました。その道はずーっと天まで続いています。果てしなく続く道、これが終わりなき修行の道かと思いました。

《行日誌③　千日回峰行・後半》

七百十三日目、苦しんで苦しんで花を咲かせたとき、今までの苦労が光ってくる。苦しんで花を咲かせる者、苦しんで怨《うら》みを残す者、苦しみ方次第、心次第。

七百四十一日目、人生を論ずる暇はない。今この時を情熱をもって生きるのです。

七百七十日目、鳥が鳴く、風がそよぐ。生まれてきてよかった。我を忘れた歩みをすることなく常に自分をもって歩むこと。

七百八十二日目、人間は雨を降らすことも、そよ風を吹かすこともできない。ただ一つできることは、人を思いやること。人を思いやることによって人に感動を与え、勇気を与えることができる。人間は母なる大地に抱かれしことを忘れてはいけない。

七百九十一日目、もっともっとという気持ちより、いつも伸び伸びと伸び伸びと生きて伸び伸びと耐えること。苦しみは実際に喜びには変わらないが、苦しんで苦しんでくると苦しみ方が違ってくる。

七百九十三日目、どんなに一人清くとも、どんなに一人強くとも虚《むな》しかった。人を思いやる愛を携《たずさ》え、かけがえのない出会いを大切に生きていこう。

八百三十六日目、辛い袋は裏を返せば幸せな福袋、心を裏に返せば辛いときでも今が一番幸せ。涙で滲みし大峯の道も、今は喜びの道、されど同じ道。

八百三十七日目、この体を通して心に伝わりし辛さ苦しさの中から、楽しさ温かさを知りゆくもの。夢そして希望、青春、すべてを捧げて生きる心。これが私の宝であり、目を閉じるまでこの心が変わらぬことが私の願いであります。祈りが叶うよう今は心を込める努力を惜しみません。

八百三十九日目、誰でも疲れるし、誰でも腹減るし、でも雨風しのげ、三度の飯が食え、何音《ね》をあげている。良き悟りと出会えるよう、心を込めて生きること。悟ろうと求めし焦りは、大切な心を失うものである。人生って何でこんなに不自由なのかと思ったが、今は何の束縛《そくばく》もなく自由である。しかし昔と環境が変わったわけではない。わかんなくてもいい、心を込めて生きること。いつかきっとわかるときがくる。のたうち回り血反吐《へど》をはくような思いをしても、それが表に出てくるようでは一流の人間とは言えない。

土砂降りの中の法悦

歩きはじめてしばらくしてからのこと。暴風雨の中、いつものように出発しましたが、バケツをひっくり返したような雨ですぐに全身がびしょ濡れになりました。山の中に入れば襟元《えりもと》まで泥が入ってきます。「なんと雨の強い日だ」と思いながら登り、いつものように下山して、ちょうどお昼の十二時を回った頃に、黒滝村や遠くは和歌山方面まで見える見通しのいい場所でご飯を食べようと岩に腰かけました。相変わらず雨風が激しく、かぶっていた笠の中にも、着ている合羽《かっぱ》の中にも、雨が吹き込んできました。

そんな中、おにぎりを手にとって、うずくまって笠で雨があたらないように食べておりましたが、いくら笠で防いでも強い雨が手元まで吹き込んできて、手からおにぎりがポロポロポロポロポロと崩れ落ちていきます。そのことは別に何とも思っていなかったのですが、その崩れ落ちていく飯粒を雨と一緒にすすりながら食べていたときに突然涙が込み上げてきてしまいました。

「自分はなんて幸せなんだろう。今、自分にはこのようにおにぎりが用意されている。しかし、このご飯粒ひとつ口にすることができずにいる人たちがどれほどいるだろうか。今日も同じ空気を吸っているこの地球上に亡くなっている人がいるというのに、なんて自分は幸せなんだろう。お山から帰ればお風呂もあるし、布団《ふとん》の中で寝ることもできる。雨風をしのげる家もある。それがなくて自分の命の危険に曝《さら》されながら生活している人たちが、世界にはどれぐらいいるのだろう」

そう考えると、とめどなく涙があふれてきました。どんな厳しい行でも自分がお願いしてはじめさせていただいたこと。自分の心で心を磨くという尊い行を行じさせていただき、なお仏さまはご飯も用意してくださっている。そう思うと感謝の涙が止まりませんでした。

土砂降りの雨の中、雨だけでなく涙もおにぎりと一緒にすすり込みました。それは最悪の境地の中で最高の幸せを得た瞬間でありました。

このように、本当の喜びというのは、今、自分が与えられている環境が、本当はとても感謝なんだと心から気づいた瞬間に湧き上がってくるものです。

たとえば大自然の中を歩いていて、ふと自分の足元を見たときに、きれいで小さな小さな高山植物の花が岩場に咲いていています。そこからも気づくことがあります。

なるほどな、この花はこの山中で誰かに見られることを意識しないで本当にきれいに花を咲かせている。そしてどんな花が隣に咲いていても決して妬《ねた》まないし、自分の姿は変えない。これは人間とは全然違うな。でも、このたったひとつの草花の命も自分の命も一緒なんだ。すべてがこの大自然の中で共存して、すべてが変化する中でそれぞれいろいろな絆を深めて生きているんだな。

そういうことに気づくと、ボロボロと涙がこぼれます。そして、「あぁ感謝だなぁ」と心から喜びが湧いてまいります。人それぞれの人生の体験の中でその人にしかわからない苦しい状況の中での感謝の喜び、この心はとても大切なものであり、これが法《ほう》悦《えつ》というものであります。

今日より明日、明日より明後日

さて今、こうして行を振り返ってみますと、行を行じさせていただいているときに自分が不幸だなと思ったことは一度もありませんでした。またどんなに追い込まれても、決して受け身になったことはありませんでした。辛い、苦しいといった愚痴《ぐち》めいたことは一言も口に出しませんでした。毎日が大自然と自分との真剣勝負みたいなものでした。

大自然はとても手強《てごわ》く、何が起こっても現実を受け入れるしかありません。台風の日があり、嵐の日があり、雷の日があります。それらを、あぁこうきたか、今度はこうきたか、こう攻めてくるか、じゃあ自分はこうして乗り越えよう、と闘っていきます。

そうした自然との闘いにプラスして自分の体調の問題もあります。常に限界の中、余裕などありません。それでもこの体を往復四十八キロ、山に持っていって山から下大自然はとても手強《てごわ》く、何が起こっても現実を受け入れるしかありません。台風の日があり、嵐の日があり、雷の日があります。それらを、あぁこうきたか、今度はこうきたか、こう攻めてくるか、じゃあ自分はこうして乗り越えよう、と闘っていきます。

ろしてこなければなりません。面白いことに、自分の体に、「ごめんね、無理させてごめんね」と心の中で詫《わ》びながら労《いた》わっている自分がおります。しかしこれが行者の「定め」なのです。

あとは自分の心のありようにかかっています。常に最高の精神状態に持っていく必要があります。行のはじめの頃は心が安定せず、最低のときもあります。そこで駄目だと思ったら駄目なままで終わってしまいますので、この駄目な精神状態を最高の状態まで引き上げていって、何かひとつでもいい、お山から何かの気づきをもぎとってくる。お山に行って何も気づかず悟らず帰ってくるのは、宝の山に入って何も持って帰ってこないのと一緒です。

今日は精神状態が落ちていて肉体的にも辛いとなれば、行って帰ってくるだけでもいいいじゃないか、と思いがちです。千日のうちの一日ぐらい無理をせずに捨ててしまってもいいいじゃないか、と考えがちです。そういう気持ちで往復しても、まわりの人の目には「今日も頑張って行ってきたんだな」と映るはずです。誰も手を抜いたとは思いません。しかし、それでは行をする意味がないと思います。私はいつも口癖のよお山に行って何も気づかず悟らず帰ってくるのは、宝の山に入って何も持って帰ってこないのと一緒です。

うに「今日より明日、明日より明後日」と言っていますが、そういう向上心が絶対に欠かせないと思っています。

そうは言っても、はじめのうちはなかなか思うようには心の状態をコントロールできません。朝、五本の腰紐を締め、杖を持って笠をかぶって、出発した瞬間に嚙《か》み合うときもありますが、その逆に、なんで今日は嚙み合わないんだろうなというときもあります。結局、一日中嚙み合わない状態のまま、帰ってきたこともありました。いくら挑戦してもうまくいかないのです。

しかし、そういうときでも「今日は嚙み合わないから、もう駄目だ。適当にやろう」というのではなく、嚙み合わない中でも最終的に自分の気持ちを最高の状態まで持っていけるように努力しました。その努力を繰り返しているうちに、自分の気持ちを持ち上げるポイントをつかみました。そのポイントとはまわりの環境に執らわれないようになったこと、ただそれだけのことでした。それからは、どんなに最悪な状況で、これ以上ないというくらいの最低の状態でも、行って帰ってくる間に必ずどこかで突破口を見つけて、最高の状態まで引き上げることができるようになりました。

「今日より明日、明日より明後日」との思いで

それと大事なのは「やらされている」と思わないことです。行をやらされていると思うと、どんどん卑屈になってしまいます。どうせ受ける苦しみは一緒です。台風のときは台風から逃れることはできません。「うわあ、台風だ」「うわあ、山崩れしてるなあ」「怖いな、それでも行かなければならないんだな」と考えたら、ますます気が滅《め》入《ぃ》ってきて、悲壮感のただよう行になってしまいます。

そのときに「苦しみは一緒なのだから」と考え方を変えて、あえて自分から苦しみの中に飛び込んでいくようにすると、今度はどんどん楽しくなってきます。

苦難が襲うたびに声を出さず笑っている自分がいます。「おー、危ない」「もう少しで死んでるところだった」と笑いながら歩いています。志を楽しむといいますが、大自然との駆け引きを楽しむ日々でした。

行者自身が楽しくなければ、人に希望を与えることなどできません。苦しみを与えられて卑屈になっている自分を見ても、誰も元気にはなりません。それを肝に銘じて行に向かっておりましたので、千日の間で行きたくなかったという日は一日としてありません。日々楽しかったというのは、そういう理由だと思います。

そして今日現在も楽しい日々は続いております。

謙虚、素直、謙虚、素直

はじめのうちは肩に力が入って、力任せに山々を駆けめぐり、「行じさせていただく」というより自分が「行じている」という感じで歩いておりました。そんな歩き方をしておりますと、当然体に負担がかかり、痛い思いをします。

それでも「何とか悟らねば」「もっともっと悟らねば」と変な力を使っておりましたが、だんだんと自分の存在が大自然の中でいかにちっぽけなものかに気づきます。人間は雨を降らすことも風を吹かすこともできない存在である、けれども大自然の中のかけがえのない一員なのだと気づいてからは、自然に逆らわないようになりました。肩の力が抜けて、無駄な力の入らない、いい歩き方ができるようになりました。自然に逆らうのではなく、自然を受け入れることが大切なのだと気づきました。

最初はガンガンと力任せに歩いていましたが、だんだんと上下運動の少ない、氷の上をすーっと滑《すべ》るような、足腰に負担の少ない歩き方ができるようになりました。その頃には、一歩一歩「謙虚、素直、謙虚、素直」と心の中で唱えながら軽《かろ》やかに明るく、まるで幼子が野山を散歩するように歩いている自分がいました。

しかし同時に、心の中にはそれと相反する「ひとつの妥協も許さない」という厳しい、まるで侍のような自分もおりました。そういう二人の自分が同居していることに気づいた頃には、すべてに感謝して、謙虚と素直を繰り返しながら一歩を刻《きざ》める自分ができあがっていたように思います。

ああなりたい、こうなりたい、ああしたい、こうしたい、と欲があるうちは全然駄目でした。「あぁ、山ってこういうふうなんだな。こういうふうな歩き方すればいいんだな。行というのはこういう行じ方をするんだな」とわかったところでちょうど千日が終わってしまいました。

何のための行なのか

いったん行に入りますと、心の部分でも一切、手が抜けません。今日やるべきことは今日済ませて、明日にまわさないように心がけました。たぶん「千日の間であなたはこのぐらいのことをやらなくてはならないですよ」という宿題を仏さまが与えてくださったような気がしたからです。

一日一日努力を惜しまず、その日にやらなければならないことをコツコツと根気よく丁寧にやっていくしかありません。もしもその日に手を抜いたら、必ず次の日にツケがまわってまいります。そうならないように、その日のことはその日に、あるいは

6月17日午前8時30分　山上本堂にて（回峰800日目）

次の日の分までやるつもりの心構えでいるほうがいいと思います。

その日のことはその日のうちにする。そのために私は、自分に十の力があれば十を出しきることを心がけていました。人間には自《おの》ずと限界があります。限界を超えれば、そこにあるのはおそらく死であろうと思います。自分の限界を超えようと考えていたのではありません。ただ、その限界を押し上げたいと考えていました。自分の持つ力量の上限を押し上げることができれば、それが自分の成長につながると思い、日々百パーセントの自分を出して心の成長を願い、行じていた若い日のことを思い出します。

しかしその一方で、肉体面の維持では冷静なペース配分をしていました。自分の中にある体力とは燃料みたいなもので、やはり分量が決まっています。その燃料をいかに上手に使いきるか、それが成功への大きな鍵になると考えていました。

「百をなさんとすれば九十を半ばとす」という言葉があります。私はこの言葉を教訓として、毎年四か月間の行が終わる最後の日まで、常に自分の体力と相談してペースを刻んでいました。調子がいいときには早く進みたくなるものですが、そういうときほど抑えて歩き、そこで蓄《たくわ》えておいた力を調子の悪いときに使うようにしました。この正確なペース配分が、いい行ができた一因だと思っています。

具体的には、方眼紙に五月の頭から九月の頭まで百二十日分の線を引いて、実際の九十パーセントのところを行じた時点でもまだ五十パーセントと考えて計算していきました。その残しておいた五十の力を最後の十日間で一気に使うというペース配分です。へとへとになって終わるのではなく、最後が尻上がりの最高の状態で終わるようにしたかったのです。

これは百日回峰行のときにいろいろ失敗して覚えたことが礎《いしずえ》となりました。これがその日のことはその日のうちにする。そのために私は、自分に十の力があれば十を出しきることを心がけていました。

修験道のいいところです。はじめから知識として頭に入れるのではなく、自分で実修、実験をするのが修験です。自分で痛い思いを体験してひとつひとつ気づいていくから実になります。人生において一回目の失敗は失敗ではなく、よい経験であるととらえて同じことを繰り返さないことが大事です。何度も同じことをしていることを失敗といいます。一回目の失敗は貴重な経験で、今後の人生に生かすことが大切です。痛い思いをしないとなかなか改心しないものです。

毎日同じように腰の紐を結んでいるのですが、ほんの少し緩かったり、きつかったりしただけで下腹に力が入らず、噛み合わない日があります。そんなときは時間など気にせず、笠からとってしまい、腰に結んだ五本の紐をすべて解いて、もう一回腰の紐を締め直しました。つまり仕切り直しをするわけです。そこでまた改めて自分をつくっていきます。何もしないまま駄目だ駄目だと思っていても、決して良くなることはありません。

日々の中でも、噛み合わないときに気持ちを高めるように仕向けるのは難しいことです。でも、そこをクリアして頑張ろうという気持ちが出てくれば、あとは加速するようにして気持ちが高まっていくものです。そのきっかけをどの時点で見つけるか、それが要点になると思います。

人生において何ひとつ無駄なことはないと思います。自分が生かされているうちは、必ずチャンスがあります。そのひとつのチャンスをものにするためには、次の波が来るタイミングをじっと見計らうことです。

行の中にも自分自身の波というものがあります。「この波は駄目だな」と思うときには仕切り直しをして、次の波が来るまでじっと目をつぶっております。そして、「よし！　この波だ」と感じたら、思いきってパッと立ち上がり、歩きはじめました。

早く歩かねばとあせればあせるほど息が乱れ、歩く速度も遅くなります。逆に、五分なりの仕切り直しの時間をとって次の波を待ち、その波に乗ればいつもより早く歩けたりするものです。その難しさがあるからこそ、行は、あるいは人生は面白いと思います。その紆余曲折《うよきょくせつ》の波を楽しまないと「生きてるな！」という実感がいたしません。そして、そういう実感を得るために大事なことは、「自分は何のためにしているのか」という問いに対する答えをきちんと整理しておくことだと思います。目標がはっきりしていないと、結局、自分自身の芯がぶれてしまいます。

ある日のこと、「私は歌手になりたいんです」という人とお会いしました。「それなら歌手を目指して頑張ってください」と申し上げました。そして「何のために歌手になるのですか?」とお訊《たず》ねしたところ、その答えが曖昧《あいまい》でしたので、「よく考えたほうがいいですね」とアドバイスさせていただいた記憶があります。「やめたほうがいいですよ」というのではありません。「目的をはっきりさせておくことが大事ですね」とお伝えしたかったのです。これはどのようなことでも同じだと思います。

「私はお坊さんになりたいのです」
「何のためにお坊さんになるのですか?」
「私は世界一の選手になりたいのです」
「何のために世界一の選手になるのですか?」

やはり「何のために」という部分が大事になってまいります。

「歌手になりたい」「世界一になりたい」「お坊さんになりたい」と思って努力すればなれると思います。では、その夢がかなったときに、そこから先はいったい何を目指すのかということがとても大事です。

たとえば、「皆さんのお役に立てるようになるためにお坊さんになりたいんです」という目標があれば、お坊さんになってからも「どうやったら皆さんの心がおだやかになるだろう」と無限に課題が広がっていきます。

歌手であれば、「皆さんの心が癒《いや》されるような歌声を世界中にお届けし続けたい」という目標を持っていると、やはり無限の可能性が生まれてまいります。

野球選手であれば、「夢や希望や感動をお届けするために一流のプレーヤーになりたい」と言えば、その世界が無限に広がっていくわけです。

「何のために」というところがはっきりしていると、どんな辛さも苦しさも乗り越えられます。そして皆さんに喜んでいただくことが自分の喜びになりますので、決して疲れませんし、どんな状況でも常に心豊かでいられることができ、卑屈になることもありません。何かを成す前に高い高い目標を定めなくてはならないのも、こうした理由からです。

満行を迎えて

「九百九十九日、人生生涯小僧のこころ」――これは私が千日回峰行の九百九十九日目の夜に色紙に書いた言葉です。

あと一日で満行というその夜、なかなか寝つけませんでした。千日回峰行をはじめた一日目から九百九十九日目まで、「今日は行きたくないな」と思った日は一日としてありませんでした。「行かなければならない」という義務的な気持ちで行をさせていただいた日も一日としてありませんでした。仏さまに守られて、日々の行を勤めてまいりました。

ところが、九百九十九日目の行を終えて、突然怖くなりました。千日目に目を開けたときに、「今日は行きたくない」とか「行かなければならない」という気持ちにな

千日回峰行満行式（平成11年9月2日）

らないだろうか、と。

そのときに吉野山に小僧として入山させていただいた十九歳の頃の自分を思い出しました。そして、作務衣《さむえ》ひとつで雑《ぞう》巾《きん》を持ち、箒《ほうき》を持って駆《か》けまわっていた小僧時代の自分の心と、あと一日で千日回峰行を終えようとしている自分の心の中にあるものは何にも変わっていない、決して初心は忘れていないと思いました。明日で千日の区切りがついて行は終わりを迎えるし、体はもうボロボロだけれど、九百九十九日歩いてきたこの心のままに体力が続くまでずっと歩き続けていたいなぁ……。

そう思うと嬉《うれ》しくなりました。そして、睡眠時間を削ってまでも「人生生涯小僧のこころ」とたくさんの色紙に書いて眠りにつきました。
その日の行日誌に、私はこう記しています。

九百九十九日目、今の心が今までで一番いいなあ。この心がずっと変わらないといいなあ。体が言うことをきくなら、ずっと歩いていたい。もしこの体に限界がないなら、今の心のまま永遠に行が続いてほしい。人生生涯小僧でありたい。

迎えて千日目、私はいつもと同じように目覚めました。平成十一年九月二日、山に行って帰ってくれば大行満大阿闍梨《だいぎょうまんだいあじゃり》という称号をいただきます。しかし、自分は紙切れ一枚で大阿闍梨という称号をいただくよりも、今の心のまま、最後の一息まで「人生生涯小僧のこころ」であるほうがもっと素晴らしいことだと思いました。
そして私はいつものように身支度をして、いつものように山へ行って、いつものように帰ってまいりました。ここに千日回峰行は満行を迎えました。終わった瞬間には、自分がやり遂げたんだという達成感は一切なかったように記憶しております。行がこれで終わりになるという、ただそれだけのことでした。

しかし、仏さまは私の心の成長の為にさらに険しい人生の行も与えてくれました。

《行日誌④　千日回峰行・終盤》

八百七十日目、今の私にはもう何もない、次なる一歩を踏み出す力も。ただ神さん仏さんが待っているから旅を続けます。

八百七十九日目、日々道場ここにあり。雨さんには雨さんの役目がありま す。雨の日には「雨さん、ありがとう」。生かされているという当たり前のことが、心からありがたいという心になったとき、本当の幸せを得ます。地位が、権力が、お金が、あの世ではなんぼのものか。人はいいこともできれば悪いこともできるし、やり直しもきけば懺悔《さんげ》することもできる。

八百八十日目、苦しみの向こう、悲しみの向こうには何があるのだろうと思っていたが、そこにあったものは、それは感謝の心ただ一つ。

八百八十一日目、行とは行じるものではなく行じさせていただくものだと悟らせていただきました。行とは自分を甘やかそうと思ったらいくらでも甘やかすこともできます。また苦しめようと思ったら死に追いやることも悟らせていただきました。どんなに自分を痛めつけても何も残らんし、何の役にも立たん。大事なのは心の器《うつわ》をいかに行の中で大きくさせるか、魂に刻むことなのだ。すべてを受け止める心ありてこそ大きな度量が備わるもの。

今年で最後の年だ、行に入る前、この八年間を振り返ったならば涙が滲《にじ》んでおりました。しかし一歩今年の行に入ったなら、涙の一つこぼれ落ちない。そんな自分であり、本当に感謝いたします。

八百九十九日目、楽しいと思ったら楽しいし、苦しいといえば苦しいし、でもこれが私の定め。

九百七十三日目、人生最後の最後まで途上でありたい、いつも自分を抑える心を持ち続けていたい。人としていつまでも花でありたい、輝いていたい。

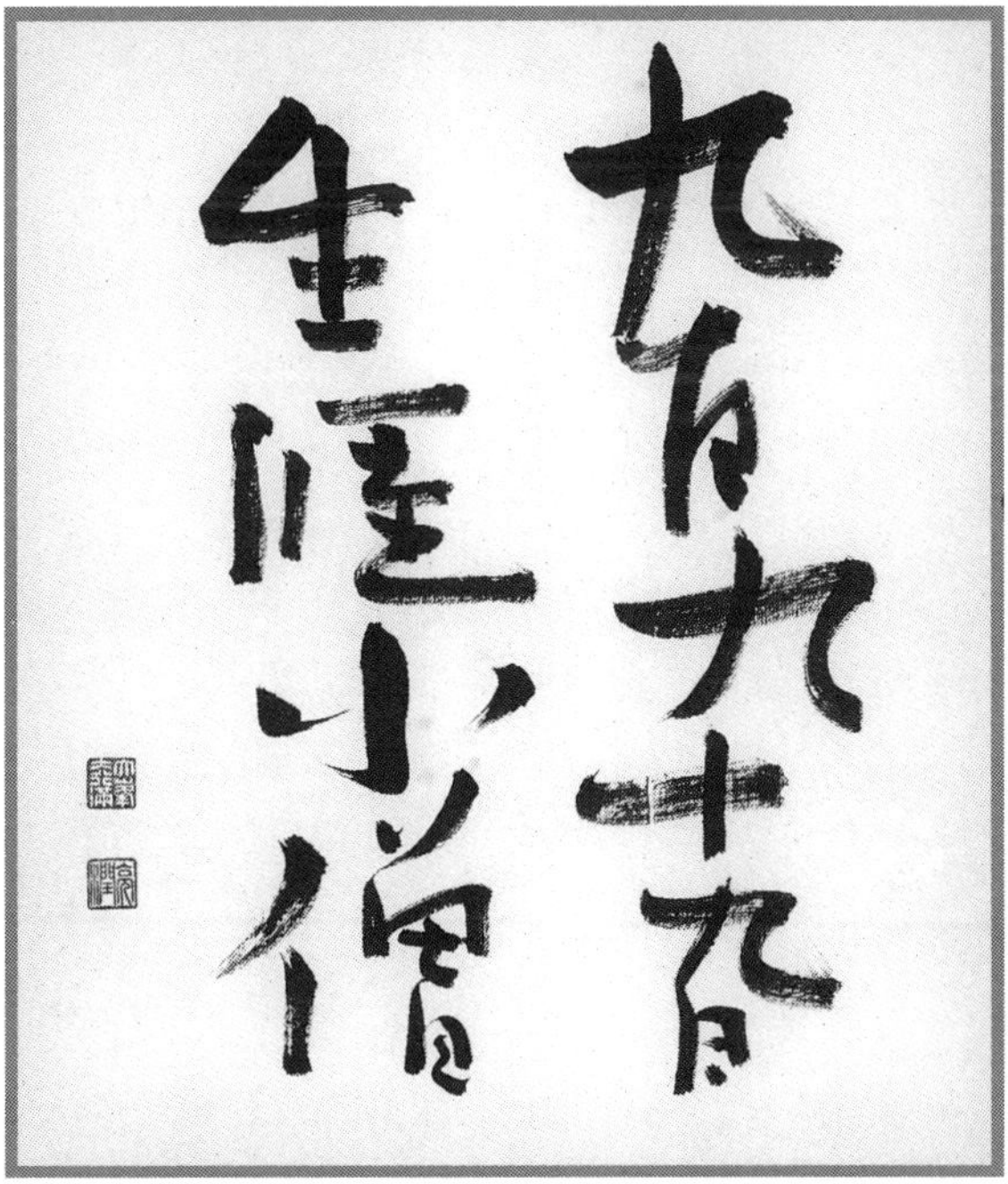

九百九十九日目の行を終えたあとに書いた色紙

第五章

いつも次なる目標に向かって

新たな目標、四無行に向けて

千日回峰行《せんにちかいほうぎょう》が終わった次の瞬間に、頭の中の目標は一年後の九月二十八日から十月六日にかけて行う四無行《しむぎょう》に切り替わりました。

四無行とは九日の間、「断食《だんじき》、断水《だんすい》、不眠《ふみん》、不臥《ふが》」つまり「食べず、飲まず、寝ず、横にならず」を続ける行です。

非常に厳しく危険な行ですので、千日が終わると同時に、行に向けて体調、精神面も含めた調整がスタートしました。頭の中は四無行のことばかりで、千日が終わった安堵《あんど》感というものは一切なく、千日回峰行の後片付けをしながら、どのようにして一年後の四無行を迎えようかということばかり考えていました。

そのときはまだ、どういうふうに行を行じるのかは一切わかりませんでした。なぜかと言いますと、四無行を行じる行者は行をやっているだけで精いっぱいで、自分のまわりで何が起こっていたのか全然記憶がないのが現実であるからです。また一生のうちで何度も行じる行でもありませんので覚えておく必要がないことや、あっという間に行が終わりますのでまわりにいた人も何がどうだったかと覚えている人が少ないということもあり、誰に聞いても曖昧《あいまい》なものでした。そんな手探りの中で奔走《ほんそう》し、次第書ができあがりました。

またお山での修行を終え、各地に帰っていった修行僧時代の仲間たちからも「手伝いに行きますよ」という力強い励ましの声がかけられはじめます。何年会っていなくても、共に行じた絆《きずな》があります。会った瞬間に以心伝心《いしんでんしん》、言葉はいりません。

行というのは決して一人で行じることはできません。行者も大変ですが、まわりでサポートしてくださる人、そして親のように行者を案ずる師匠がいて、皆の力が合わさったときに素晴らしい力が発揮されます。

「備えあれば憂《うれ》いなし」。四無行に向けてのコンディションづくりは、千日回峰行がはじまったときから同時にはじまっておりました。食生活に注意し、体の中をきれいな状態に保つよう心がけてきました。

四無行の三か月ぐらい前からはときおり断食を行いました。三日間断食をして、普通の体に戻して、一か月前ぐらいにまた三日断食をして、普通の生活に戻すというように、何回かの断食によって体調を整えていきました。行の一週間ぐらい前からは一日三食の食事を二食にし、一食にし、というように回数を減らしていきました。食べるものも、胃に負担がかからないように五穀《ごこく》をすりつぶしたものを水と一緒に飲むようにしました。そして四無行の三日前からはほぼ断食状態に入りました。

ありとあらゆることを想定し、用意万端です。修行僧仲間も全国各地から集まってきてくれました。小僧の頃から仕事は早く丁寧に、行は命がけで共に行じた仲です。すでにチームワークも抜群で、いたずらもはじまって、皆笑っております。そんなリラックスした中にも少しずつ皆で行の世界に入っていきます。

九月二十八日朝、いよいよ行がはじまる日です。最終の打ち合わせをして、着替えをしにいくとき、声がかかりました。

「亮潤さん、いつものように出たとこ勝負でいこうや」

「よっしゃ、頼むわ」

と言って、行に入る前の最後の言葉を交わしました。

精神的には今までに経験したことがない高まりを感じます。それでいて非常に落ち着いた、あるいは厳しさもあり優しさもあり、何かにつつまれたような神秘的な自分がそこにありました。

浄衣《じょうえ》という死出装束《しでしょうぞく》に身をつつみ、師匠にご挨拶に伺いました。喜怒哀楽も何もなく、ただ「無心」です。非常に不思議な雰囲気になっておりました。あとから聞いた話では、師匠もそんな私の様子を見て「こいつは間違いなく満行《まんぎょう》する」と思ったそうです。

四無行に入行する

四無行は非常に危険な行です。一歩間違えば死です。生きて行を成就《じょうじゅ》する確率は五十パーセントと言われています。そのため、それに入る前には浄斎《じょうさい》の儀と申しまして、生き葬式の儀式を行います。本山の管長さま、一山《いっさん》の住職、ならびに仙台から駆けつけ喪服を着た親族の前で、ご挨拶を申し上げます。
「行者亮潤、今日まで自利（自分のため）の行を続けてまいりましたが、本日、四無行に入ることに相成りました。もし神仏が利他（人のため）の行を必要とせぬと判断されたならば、皆さま方とは永遠のお別れになります。ありがとうございました」

千日回峰行は自分自身の心を向上させるための、自分のための行でありましたけれども、今日からは生きるか死ぬかの四無行という行に入ります。もし世のため人のために生きて帰ってきて皆さま方にお仕えしなさいというご神仏の判断がないならば、親族をはじめ皆さま方とは永遠のお別れになります、という挨拶です。

この生き葬式が終わると、逆さ屛風《びょうぶ》を立てたところでみんなで最後の食事をします。行者の分も箸《はし》と料理が用意されますが、行者はそれには一切手をつけずに食べる真似事だけをします。

食事の儀式が終わると、自分の親族、一山の住職、そして私が最後尾につく並びで四無行を行う本堂までの約五十メートルの坂を上ります。もしかすると自分の人生の中でこの景色を見るのは最後になるのかもしれないと思いながら時の定めを楽しんでいる自分がありました。怖さや不安といったものはまったくありませんでした。
お堂に一山の住職、親族とともに入り、そこで行者は百八回の五体投地《ごたいとうち》といいまして、立ったり坐ったりして頭と両肘《ひじ》両膝《ひざ》を地につけて礼拝《らいはい》をいたします。この百八回の礼拝をしている間に、親族それから一山のお坊さん方が一人ひとり別れを告《つ》げてお堂から出ていきます。そして最後に、行の手助けをしてくれる常侍《じょうじ》という交代の修行僧二人を残したまま本堂の扉が閉められ、行がはじまります。

お堂に入るとただ坐っているばかりではありません。九日間のうちに、お不動さまの御真言《しんごん》と蔵王権現《ざおうごんげん》の御真言を十万遍ずつ、あわせて二十万遍を唱えなければなりません。数珠《じゅず》と石を使って、千遍、万遍と数えてまいります。あまり大きな声を出しますとすぐに声がつぶれてしまいますので、真言は微音で唱え、自分の両手を動かして眠らないようにします。

そして一日三回、午前二時過ぎと午前八時、午後の二時に一回につき一時間数十分かかる密教の作法を本尊さまの前まで行って修法いたします。加えて、一日に一回、午前二時に仏さまにお供えする水を汲《く》みにまいります。

これは行者一人で行くのではなく、五、六人の修行僧に手伝ってもらいます。松明《たいまつ》を持った人が先頭にいて、提灯《ちょうちん》を持った人が両脇で私の足元を照らしてくれます。前に一人、後ろに一人、そして行者が中心で、両側に桶《おけ》の付いた竹でできた天秤《てんびん》棒を肩にかけて歩きます。ただし、実際は前後の人がほとんど持ってくれています。日を追うごとに衰弱《すいじゃく》していく行者に水は重すぎるからです。

この天秤棒を行者が担いでお堂の外に出て、閼伽《あか》井戸という井戸まで行って取水作法をしてお水を汲んで、またお堂に帰って、そのお水を本尊さんにお供《そな》えをさせていただきます。

このように日に三度の修法をし、一度のお水取りをし、それ以外の時間はただひたすら御真言を唱え続けます。

行の中で一番苦しかったのは、おそらく三日目から四日目にかけてだったと思います。あとで聞いたところによると、三日目過ぎぐらいからは足が紫色になり、私のま

午前二時のお水取り

わりにいた人たちが「阿闍梨《あじゃり》さんから死臭がする」と話していたそうです。

四日目のあるとき、御真言を唱えて手は動いて数珠を繰《く》っているのですが、修行僧が「阿闍梨さん」と声をかけても、私からの返答がなかったそうです。そのときの私は、一点を見つめてぼーっとしたまま目が開いているという状態だったそうです。一切応答がないのはおかしい、意識が飛んでいるんじゃないか、というので私の名前を呼び続けていたということです。四無行では必ずそういう危険な状態になるときが一回はあるらしいのですが、そのときにはその人の名前を呼び続けなさいというういわれがあったのです。

私の記憶にあるのは、修行僧が私の耳もとに顔をつけて「阿闍梨さん、阿闍梨さん、阿闍梨さん」と呼びかけていたことです。あまりにも彼が切羽詰《せっぱ》まった顔をしていたので、私は「どうしたの」と尋ねました。すると「大丈夫?」と聞き返すので、「大丈夫だよ」と答えました。そのとき「おかしなことを言うなぁ。こんなに頑張っているのに」と思ったことは覚えております。

しかし、そのときみんなが集まって五分ぐらい私のまわりでザワザワと話していたことは一切覚えていません。行が終わってから「実は阿闍梨さん、こういうことがあったんです」と教えてもらって、「あぁ、あのとき? そうだったの」とはじめて知りました。

断水の苦しみ

「断食、断水、不眠、不臥」のうちでどれが一番辛《つら》かったですか、という質問をよく受けます。これははっきりしています。一番辛かったのは水が飲めないことでした。断水には何とも言いようのない苦しみを感じました。喉《のど》が渇《かわ》いて渇いて仕方がありませんでした。しかし、いくら喉が渇いても、いくら暑くても、水一滴飲むことは許されません。このときは水が飲めないことがこんなに苦しいものかと骨身にしみて思い知らされました。

食べないというのは一番楽でした。食事の調整が非常に上手くいき、食べないという苦痛は九日間まったくありませんでした。すでに行に入る三日前からほぼ断食状態になっていましたので、それがかえって自分の体には良かったのだと思います。

眠いのも最初のうちは辛かったのですが、三日を過ぎると睡魔《すいま》は襲《おそ》ってこなくなりました。ただ、午前零時からお天道《てんとう》さまが東の空から昇ってくるまでの間だけは、言うに言えないほど体が重くなって大変な苦しみを味わいました。体は夜寝るようにできているんだなぁということを、行の中で改めて感じました。不臥、横にならないということはさほど苦痛ではありませんでした。行の中日《なかび》から脇息《きょうそく》を使えるのですが、体の重心が崩れますので少しだけ使って、すぐに外《はず》しました。

しかし、最後の最後まで我慢できずに非常に苦しかったのは、たった一滴のお水も飲めないということでした。水というものがどれほど人間にとって大事なものかということを深く強く感じずにはおれませんでした。一杯の水を飲むことができたらどれだけ体が楽になるだろう、と心の底から思いました。

水は一滴も飲まないのに、お小水《しょうすい》は朝と晩、必ず出ます。ですから、一日に二回、用を足しに行く必要があります。出そうと思えば一日に三、四回は出ると思いますが、その都度水分を出すとますます体内の水分が減っていくと思って、朝と晩の二回だけ用を足しに行くようにしていました。

厠《かわや》はお堂の外にあります。結構離れた場所ですので、歩くのが大変でした。外へ出る分には新鮮な空気を吸えていいのですが、歩けば歩いただけエネルギーを消耗しますので、なるべく歩かないように、なるべく体力を使わないように気をつけました。

実際に、お小水を出す度に体力が弱ってきました。色も黄色から茶色、こげ茶へと変わっていきました。水を断《た》っておりますので、水分が体から出ていくごとに血液がドロドロになっていきます。体重も一日一キロずつ、何もしなくても減っていきました。おそらくそれも水分がなくなったためだと思います。
それにともない、脈拍も速くなってまいりました。坐っているだけで脈が九十もありました。お勤めに行くときに歩いたり、お水取りに行くときに歩くとなると、移動にゆっくり時間をかけて歩いても心臓が百二十ぐらい脈を打ちます。全速力で走ったぐらいの動悸《どうき》を覚えました。

また、四無行を続けていくと、とにかく五感が非常に鋭くなります。たとえば線香立てに立っている線香の灰が落ちてポンと砕ける音が聞こえたり、その落ちていく様子がスローモーションで見えたりしました。遠くで話している話し声も全部聞こえてくるという具合で、自分の耳、あるいは目の感覚が極限まで達すると、そこまでわかるようになります。嗅覚《きゅうかく》も敏感になって、外から人が入ってくると、扉がガラリと開いた瞬間にその人の臭いで誰が入ってきたのかがわかります。五感がすべて鋭敏になってまいりました。

思わぬ出来事

どんなに苦しい行でも、ペース配分には自信がありました。ところが、四無行のときには四日目に「今回だけはちょっとペースが刻《きざ》めないかな」という状況に立たされました。思いがけないアクシデントが起こったからです。

四無行では、中日《なかび》と申しまして行の中間五日目に差し掛かってからは一日一回のうがいが許されます。午前二時のお水取りのあとに仏さまにお水をお供えして一日がはじまりますが、中日からはこのときに天目《てんもく》茶碗という、うどんどんぶりぐらいの大きさの茶碗が二つ用意されます。その一方にはなみなみと水が注がれ、他方は同じ大きさの空《から》の器《うつわ》です。この水が入った器から口に含んでうがいをし、空の器にそれを吐き出して、注がれたときの水面と吐き出したときの水面が一緒になればよし、ならなければ飲んだとみなされて行は失敗となります。うがいだけで決して水は飲めませんが、ある日あるときから水一滴口に入らないという人生はじめての事態で体はびっくりしております。喉の渇きという限界はとうに通り過ぎ、口の中はねばねばし、気持ち悪くなって、一刻一秒でも早く水を口にしたい、正直苦しいと、うがいができるまでのあと何時間を待ち望みました。

ところが、この中日の日にちを勘違いしてしまったのです。私が調べたところでは、中日というのは五日目の午前二時でした。しかし、行がはじまる寸前に、中日は四日目だという先輩からの意見が出ました。九日目で終わるから四日目が中日になるというわけです。そういう考え方なのかと思い、私も修行僧も全員が「中日は四日目」だと言われ、自分たちが間違っていたんだと思い込んでしまいました。

そこで私は、四日目の午前二時にピークを置いて、この折り返し点をひとつの節目にペース配分をいたしました。しかし、やはりこれが間違っていたのです。

三日目の午後十時か十一時頃だったと思います。修行僧が私のところにやって来ました。

「失礼します、阿闍梨さん」

その顔を見た瞬間に、すべてを理解いたしました。

「阿闍梨さん」

「水、五日目だね」

と私は言いました。修行僧は目に涙を浮かべておりました。

「どうします？」

「どうしますもこうしますも決まりは決まり。一切間違った人間を責めるな。これは俺の定め」

きっぱりと言いました。

「繰り上げますか。管長さまに相談してきましょうか」

なおも修行僧は心配そうに聞いてきました。みんなは私がもう限界に来ているのをわかっていたのです。四日目という段取りでやってきたのだから繰り上げてもいいのではないか、というのが修行僧全員の総意でした。

「それはできない。昔から決まっているものは決して変えることはできない。右のものは右、左のものは左」

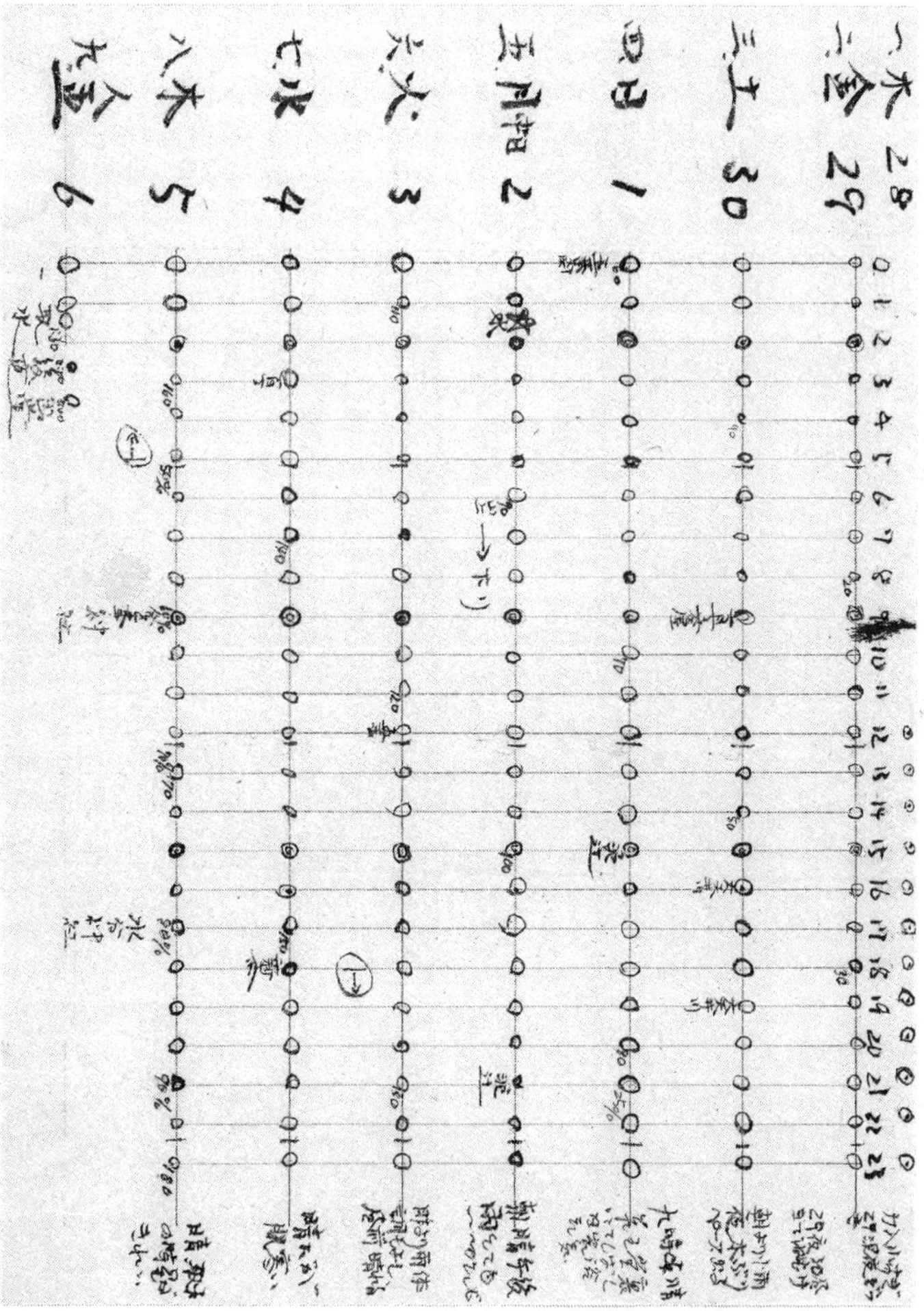

四無行で実際に使ったペース配分表。九日間を千日回峰行の一日四十八キロの行程に見立て、ペースを刻んでいった。回峰行のときと同様、「九十を半ばとす」との考えから八日目の朝方を全体の半分と見なし、残り一日に蓄えておいた五十の力を一気に注ぎ込んだ。

そう答えながら、私は冷静に頭の中で、わずかに残った余力であと二十四時間持たせるようにペース配分を組み立て直していました。後ろを振り返ってもしょうがない。こうなるのも自分の定めだろうとすぐに覚悟が決まります。

「わかりました」

と言う修行僧だけでなく、そこにいたみんなが泣いていました。

それからの二十四時間は本当に命からがらでした。生きるか死ぬかの境でフラフラしながら、やっと五日目の中日を迎えました。待望のうがいができるというので気力は充実していましたが、もう体がついてきてくれませんでした。午前二時のお水取りに歩いて井戸まで行くとき、はじめて修行僧に頼みました。

「悪いけど、もうちょっとゆっくり歩いてくれない？」

もちろんみんなも気を使ってゆっくり歩いてくれていたのですが、それでも心臓にこたえました。

全員が一列に並んで、松明を持ち、御真言を唱えながら、ゆっくりゆっくり進みま

茶碗から茶碗へうがいをする

した。その光景は神々《こうごう》しいものだったと、見た人はおっしゃいます。

水を汲んで帰ってくると、みんなが口々に叫んでいます。

「阿闍梨さん、うがいできる、うがいできる」

そう言って、目をキラキラさせて茶碗の用意をしてくれました。

待ちに待った水を口に含んだ瞬間、口の粘膜《ねんまく》の内側からチュルチュルチュルチュルという音がしたように感じました。ああ、粘膜が水を吸っているんだなぁ、と思いました。

もちろん、飲んではいません。喉から

下には絶対に入っていないのですけれど、チュルチュルチュルチュルという音が聞こえたように思ったのです。それと同時に、重いものがのしかかっていたように感じられた体がすーっと軽くなりました。

水というのはこんなに美味《おい》しいものか、と思いました。オーバーに言うと、うがいをするだけで口の中の皮膚《ひふ》が痛いくらいでした。

私は口に含んだ水を空の器に移しました。その分量が同じでないと飲んだと見なされてしまいます。みんなが慎重に分量を見て「一緒だ」と認めてくれました。また比《ひ》叡山《えいざん》から立会いに来た方も見てくださり「間違いありません」とおっしゃってくださいました。もちろん、自分でも飲んだら嫌な思いをするだけですから、飲みたいという気持ちはまったくありませんでした。

一度口の中に入れて別の器に移した水は、ドローッと白濁《はくだく》したような感じになっていました。まるで体の中の悪いものがすべて出たようだと思いました。

うがいが終わった瞬間、私はみんなに大丈夫だというサインを出しました。それを見て、みんなも「いつもの阿闍梨さんに戻った」と話していたそうです。

あえて苦しみの胸元へ

うがいをした瞬間に、見る見る体の細胞が生き返ったように元気になりました。そのとき、私は自分が最後までいけるという確信を持ちました。そこで最後までのペースが完全に刻まれました。実際、そこからは何の不安もなく、「いくぞーっ！」という勢いのまま一気に最後まで行じました。強がりを言っていると思われるかもしれませんが、残りの四日間は何も苦しむことなく行じ続けられたと思っております。

一度うがいをしたぐらいで、と思われるかもしれません。そこからまだ四日間も行は続くのですから、中日の時点で「いける！」と思うものなのだろうか、と疑問に感じるかもしれませんが、長い間の行の体験から培った感性です。

私は四無行に限らず、苦難に遭《あ》うといつも「これが自分の日常なんだ」と考えるようにします。すると、一種の暗示効果で「あっ、こんなものか」と思えるのです。逆に、何でこんな苦しい目に遭わなくてはいけないのだろうかと思うと、不平不満が次から次へと口をついて出てまいります。与えられた環境を特別なものだと思わず、それを日常と考えて適応していくようにすることがとても大切なのだと思います。

日本の神話に、葦《あし》野原で四方を炎に包まれたときに迫《せま》り来る炎から逃れるために、あえて自分のほうから火を放《はな》つと火は自分より遠くのほうへと向かって進み、それによって炎の中から逃れることができたとあります。私たちも同じかもしれません。何かに追い込まれれば追い込まれるほど苦しくなって逃げてしまいますが、逆に自分からあえてその苦しみの胸元に飛び込んで、素直に正直に謙虚に生きてみるのもいいと思います。

あえて苦しみの中に身を投じてみるというのは、言い換えますと環境をそのまま受け入れるということです。現実は自分の一存で変えることはできませんが、現実を受け入れ愚痴《ぐち》らず精いっぱい生きると、そこに道が開けてくるものだと思います。

修行をする人もそうです。「嫌だなあ、苦しいな」と思えば、まわりからどんどん苦しみが迫ってまいります。そういうときは、現実を受け止めて、その苦しみに飛び込んでいけばいいと思います。行の中でそういう経験を何度もさせていただき、本当

現実を受け入れ愚痴らず精いっぱい生きると、そこに
道が開けてくる

に考え方ひとつで状況は百八十度変わってしまうものだといつも不思議に思います。「しなければならない」とか、「やらされている」と思えば、どんどん心が枯《か》れてきて卑屈になってしまいます。しかし同じ環境でも、自分の気持ちで進んで乗り越えさせていただこうと思えばいい縁も広まってまいりますし、自然と笑顔も出てまいります。行も、人生も、卑屈になってはいけません。楽しまなくてはいけません。

そして最も重要なポイントは、人を恨まない、人を憎まない、人のせいにしない覚悟を持つことです。もし行の最中、うがいの日を四日目と言った人を少しでも恨んだり、人のせいにしたならば、おそらく今の私はいないでしょう。神さま仏さまはいついかなるときでも、人の心を見ておられます。

四無行、満行

四無行がはじまって九日目の午前二時、いよいよ出堂《しゅつどう》を迎えます。私は本堂の正面に移りました。本堂には本尊さんがお祀《まつ》りされていて、その下に大壇という大きな壇があります。その大壇のまわりを三遍まわります。三遍まわる間に転んだら死ぬと言われてますので絶対に転ばないように注意を払いながら自分の足でまわらせていただきます。

その次に、〝朴《ほお》の湯〟という朴の葉のお茶を飲む儀式があります、実際は飲むふりをするだけです。

その儀式が終わると法要をして、その後、お堂から出てくる出堂作法というものがあります。お堂から出てくるときには、普通は抱えられるようにして、自分の足では歩けないような状態で出てまいります。しかし、私はそういう格好で出たくはないと思ったので、手助けなしに、急な階段も自分の両足で歩いて出ました。

外に出ると、仙台から来てくださった方たち、お山の人たち、一山のお坊さんたちが何百人と集まってくださいました。真夜中、そうした皆さんの前に、私は杖《つえ》を右手で持って出ました。私の横には一緒に行じた仲間がいました。お堂から出る前に「手助けしましょうか」と聞かれましたが、「いや、手助けするんだったら出ないよ。ここから動かないから。大丈夫だよ」と答えました。それだけの余裕はありました。

そして最後に、天満宮《てんまんぐう》の天満社というお宮さんの前に莚《むしろ》を敷《し》き、松明を置いて、食事をする儀式を行いました。いろんな木の実や根菜類を料理したものが飾ってあります。それを箸で口元まで持ってきて食べる格好をします。それが終わると、あとは籠《かご》に乗って自坊に帰るだけです。

強がりと言われるかもしれませんが、自分ではあと三日やりなさいと言われてもできたぐらいのペース配分だったと思っています。体力的には三日分の余力は十分ありました。事前の準備もうまくいったと思っています。精神面に加え、肉体的にも行に入る三日前からほぼ断食状態でしたから空腹感は一切ありませんでした。眠らない訓練はできませんでしたが、うまい具合に精神状態を整えることができたために、三日目ぐらいからは眠気を感じなくなって、かえって落ち着いたような気がします。

この四無行の最中にも、私は思いつくまま日誌をつけておりましたが、そのときの文章を読むと、前半と後半でずいぶん心持ちが変わってきていることがわかります。

籠に乗って自坊に帰る

行がはじまる前
「穏やかに落ち着いて御仏《みほとけ》に手を合わせ四無の行」

二日目
「やはりこの行は手強《てごわ》い、こたこたと体の力は抜けるし、心臓は躍るし、熱も少しばかり。それにたまに何とも言えない吐き気がする。ちくしょー。でもお山で千日間の苦しみを体が覚えているから、どんなことがあっても今に自分の調子にしてみせる。負けない」

三日目か四日目
「心臓の脈は坐っているだけで九十は超えている。自分では千日回峰でお山に鍛《きた》えられているからこのくらい我慢できるが、動作はかなり遅くなっている。お線香の灰がこぼれ、砕け、その音も聞こえる。普段臭《にお》いを感じないものまで臭いがして嫌になり吐き気がするほど五感が鋭くなっている」

六日目
「今日で六日目、袴《はかま》も引っ掛かるところがないくらい痩《や》せてきた。心の中のやる気、元気はたくさんある。今が幸せ、楽しい。四無行参籠、六日目」

七日目
「普段私たちはいかに幸せでしょう、ご飯も食べることができない人が世界にどれほどいるでしょう。その苦しみ、痛みからみれば、私の苦しみなんて。どんなに辛くとも苦しくとも取り乱さず、優しさと大らかさ、そしてのびのびと清らかなる心で行じれば、必ず護《まも》られるのです」

お堂から出る瞬間
「たとえ時代が変わっても、お釈迦さまが示してくれたお手本どおりに
歩む道こそ御仏《みほとけ》に仕える者の定め。だから行に始まりも終わりもない。
ただ無の心」

お師匠さんの心遣い

行のあとで最初に口にしたのは、すり下ろしたリンゴジュースでした。九日間、何も食道を通ってませんでしたので、喉と食道がピリピリしました。でも、体は正直です。リンゴジュースを飲んだ瞬間から顔色に生気が甦《よみがえ》ってきました。

しかし、その日はそれ以上は無理をしませんでした。聞いていた話では、代々の行者さんはすぐに重湯を食べたそうですが、私はもう一日ご飯を食べずにリンゴジュースだけで過ごそうと思い、四無行が明けたその日は一杯のリンゴジュースを飲んだだ

けで寝ておりました。

一昼夜ほど寝ていたでしょうか、目が覚めると自分の部屋に師匠がいらっしゃいました。師匠が部屋に来るなんてことはそれまでになかったのでビックリいたしました。

「ようやったな」と言われ、「ありがとうございます」と答えました。

「どうや」と聞かれ、「はい、ぼちぼちです」と答えました。

そこでふと気になっていたことをお尋ねしました。

「管長さま、ひとつ聞いてもいいですか」

「なんや」

「管長さま、なんで今回、一回も行の最中に来てくれなかったんですか」

そう問うと、管長さまはお答えになりました。

「わしゃ行ったぞ」

「そんなはずはありません。私は寝ていないのですから、私の記憶では来てくれていないです」

するど師匠はおっしゃいました。

「行がはじまる前に行ったんや。君の参籠所《さんろうしょ》がどういうふうにしつらえてあるか、見に行ったんや。もう完璧だった。あんたは足が二六・五の足袋《たび》を置いて、その横に二六の足袋を置いて、それから二五・五の足袋の三種類を置いてたな。衣もその日着る分を全部余分につくってたな。それ見た瞬間に、わしはお前は必ず成満《じょうまん》すると思うた。そう思うたから行の最中は行かなかったんや。寺の人間も修行僧以外は誰も行かへんかったやろ。あれはわしが止めたんや。すべて任せろ、あいつは間違いなく出てくるから、誰一人中に入るなと言ったのはわしや」

その言葉を聞いたとき、私は本当に嬉《うれ》しくなりました。

昔の古き良き時代のお寺の師匠と弟子の関係というのは、とても厳しいものでした。私がお寺に修行に入った頃から怖くて、何をやっても、あれも駄目これも駄目となかなか認めてくださいません。その師匠からはじめてそんな言葉をいただいたときは嬉しくて、ただありがたいという気持ちでした。

故郷へ帰る

行を終えて二日目の朝、私は食堂《じきどう》でご飯をつくっていました。そこへ師匠が来られました。「おはようございます」とご挨拶すると、「ああ」とだけ言って出て行ってしまいました。私が料理している姿を見て、あとで「あいつはばけもんや」とみんなに話しておられたそうです。普通、四無行のあとは一週間ぐらい寝たきりになるらしいのですが、私の場合は二日目から重湯をいただいて、三日目からお粥《かゆ》を食べて、確か四日目ぐらいから普通のご飯に戻したように記憶しています。通常は一か月ぐらいかけて体を戻していくらしいのですけれど、私はもう十日目には新幹線を乗り継いで仙台に戻っておりました。

行のあと、師匠に呼ばれて「これから先はどうするんや」と聞かれました。

千日回峰行を満行した行者であれば、本山に残るというのが通例なのでしょうが、私には田舎で暮らしたい、そしていろんな人と膝をつき合わせてお話しさせていただきながら、畑でもあれば畑を耕して、皆さんと一緒に細々とのんびりと楽しく暮らしたいという目標がありました。ですから、「仙台へ帰してください」と申し出ました。

「仙台の地で、田舎に住んで、ゆっくりと皆さん方と親しみながら、畑でも耕して暮らしたいと思っています」

「やっぱりそうか。じゃあ自分で下山するわけやからしっかりやれよ。あとは自分の力やぞ」

「覚悟しております」

そうお答えして、裸一貫で仙台に帰ってきました。

第六章

流れの中で　ありのままに

最後に残った難関

自分にとって、行とは自分の心の器《うつわ》をいかに大きくさせるかというものでもありました。自分の心の器を大きくするということは、すべてを受け止められる人間的な心の大きさを養うことと言ってもいいかもしれません。しかし、これは思ってもなかなかできないことであります。

千日回峰行、四無行と行を終えて、「すべてのご縁に感謝してすべてを受け入れる心が備わりましたか？　その境地にいたることができましたか？」そう尋ねられたとしたならば、行を終えて仙台の地に向かおうとしているときの自分はこう答えたでしょう。

「行に関しては手を抜かず日々精いっぱい行じましたので、何ひとつ後悔はありません。しかし、良い縁、悪い縁、すべてに感謝できるか否かと聞かれた場合、素直に正直に申し上げて、一所懸命頑張ったんですけども、まだすべてに感謝できる自分ではありませんでした」

厳しい行を積むことによって、自分の我《が》、あるいは無駄なもの、余分なものがひとつひとつ抜け落ちて、本来の自分のきれいな心に近づいてきましたがたったひとつだけ、この心の中にこびりついて取るに取れない我がありました。どんな人をも受け入れることによってはじめて自分自身も人から受け入れてもらえるのだと頭ではわかって存在しますが、たった一人だけ受け入れることのできない苦手な人が存在しました。人間には誰でも食べ物の好き嫌いがあるように、人間の心というのも知らず知らず一番二番三番と順番をつけるようになっているようです。しかし、人を分け隔《へだ》てするようなお坊さんでは、お坊さんとして失格だなと思い努力しました。

行を続けるうちに好き嫌いはだんだん少なくなってきました。そして最後にたった一人だけ、残ってしまいました。その人が善いとか悪いとかという是非の論は別といたしまして、いろいろな考え、いろいろな性格の人たちが渾然一体《こんぜんいったい》となってこの世の中で生かされております。中には自分中心にたちふるまう人と出合うこともあります。そんな人でも受け入れなければと努力し続けました。

千日回峰行中にお山から下ってきて残り二キロ、四十六キロ地点からは大きなお堂が見えます。そこに来ると思います。あのお堂にはどうしても馬が合わない人がいるなぁ、でも自分が至らないからあの人が嫌いなんだ、自分が悪いんだ、と毎日反省して山を歩いています。

年間四か月の修行が終わり、また顔を合わせる日々が来ると、どうしてもスッキリしない自分がいて、それではいけないと頭の中ではわかっています。しかし、自分の胸につかえて悶々《もんもん》とし、その人に執われ葛藤《かっとう》している自分がそこにおります。十人いたら十人平等に人を思いやることができてお坊さんとして一人前です。何とかこれを克服したいと思い、日々精進を積み重ねたのですが、千日行が終わっても四無行が終わっても、それを克服することができませんでした。結局、たった一人だけ心から受け入れられない人がいるなぁ、と胸につかえたまま、ひとつの課題を残して私は吉野山から仙台に戻ってくることになりました。

人と人、心と心

「光陰《こういん》矢のごとし」と申します。月日が経《た》つのはあっという間です。仙台でのお寺の建立《こんりゅう》が忙しく、なかなか奈良のほうに出向いていく機会がありませんでした。ようやく山を下りて四年後に、奈良に行く用事がありました。そこで私はどうしても受け入れることのできない相手と再会することになりました。

しかし、出会った瞬間に、それまでの自分とは違う自分をそこに感じました。

「こんにちは」

私が挨拶をすると、その人は低い声で、

「こんにちは」

と返事を返してきました。あまりいい返事ではありませんせん。

普通ならば、そこで通り一遍の挨拶をして終わるところですが、今までの自分とは違う自分がそこにおりました。このときの私は自分にとって苦しみだったその人の懐《ふところ》に入って、もう一声かけたくなりました。

「これ、お土産、どうぞ」

「ありがとうございます」

また低い声が返ってきました。でも、私はなおも一歩相手の心に踏み込みたくて素直に自分のやさしさを表現しました。

「今日は忙しくて仙台から車で来たんですよ」

そう言った瞬間に、

「え？　車で？」

と驚いたように言ったその方の目が、そしてその方の口もとが、少し優しくなったような気がしました。その瞬間、〇・一秒の世界で、約二十年間克服できずに苦しんでいた胸のつかえが感謝の気持ちとなってストンと腹の底に落ちていきました。

なるほどなぁ、今までこの人を受け入れられなかったのは、自分自身に我があったからなんだな。自分自身の器が小さくて、お互いにお互いが受け止められなくてわかり合えなかったんだ。自分にもっと大きな心の器が備わっていれば、この人を受け止めてやることができたんだ。そうしたら自分も嫌な思いをしなかったし、その方にも嫌な思いをさせずに済んだのに申し訳なかった、と心の中で涙ながらに懺悔《さんげ》しました。
今まで顔を合わせたとき、なぜかわかりませんが受け入れられなかった人――どうしても心の闇としか思えなかった世界、これをステップとして光ある人生に変えることが出来たのは本当に幸せでした。忘れて捨てて許す、この寛恕の心が人生を変えます。

恥ずかしい話、お坊さんになってから約二十年もかかってしまいました。でも、そのときから「お坊さんやっててよかった」と喜びを実感する日々になりました。皆さんにお仕えさせていただき、皆さんの喜ぶ顔を見たときが自分の喜びとなり、たった一人、受け入れられなかった人を受け入れることができてから、お坊さんとしての自信がついたのだと思います。そこに至るまで寄り道、回り道をたくさんしてしまいましたが、そういう気持ちになってからはいろいろな人を好きになり、はじめてお会いする方でも、十年来の友達のように何時間でもお話しできるようになりました。どう表現しようかと考えることがなくなり、自然体で皆さま方と接することができるようになりました。

人と人との心をつなげるのに技術は必要ありません。技術とか経験とかいうものは、時によっては毒になる場合があります。大切なのはたったひとつ、それは「心」です。人を思いやる心というのは、まわりまわって、自分の心をおだやかにしてくれます。やさしい言葉を相手にかければ、やさしい言葉がどこからかめぐってきます。

お山ではいろいろなことに気づきます。頭ではわかるのですが、それを実際の自分の人生と照らし合わせると、とても苦しく、葛藤の日々が続きます。感謝の気持ちとして腹の底にストンと落としてやるには、ちょっと時間がかかるものなのかもしれません。

山を下りて里の皆さま方と一緒に人生の勉強という行をさせていただきながら、少しずつそんな器が備わってきたのだと思います。そうした里においての経験が、私にとって最後の大きな難関を自然とくぐり抜ける心を育ててくださったので、日常生活の中で理想とする生き方をイメージしたら、根気よく実現することが大切です。

今が一番幸せ

ある人は言いました。「自分ならば嫌いな人は避けてしまいます」と。しかし、避けたところで、世界中どこへ逃げても怨憎会苦《おんぞうえく》（怨《うら》み憎む者に会う苦しみ）からは逃れられません。ありのままに与えられた環境を受け入れて、常に感謝をし、心豊かに日々を過ごすこと――これが私たちに与えられた定めのように思います。

この世に縁あって生を受けたときには、すでに人生という旅ははじまっています。スポーツの試合にたとえるならば、気がついたときにはすでに試合ははじまっていました。

そして、その試合が終わると私たちは次の世に旅立たなければならない、というルールを審判から告げられました。生まれてきたものはいつか死んでゆく。それが定めである、と。

では、生まれてから死ぬまでの間に私たちは何をするべきなのでしょうか。そう審判に尋ねると、こんな返事をするのではないでしょうか。

「人生というのは、あなたの思いどおりにならないようにセッティングされています。それをどう克服するか、そこからどう感謝の気持ちを導いてくるか、これが試合の内容です」

試合の相手は誰ですかと問えば、

「それは自分自身です」

そんな答えが聞こえてきたような気がいたします。


昔、大峯千日回峰行中に、「人は皆平等であるのか、そうでないのか」という気持ちを少し持ちながらお山を歩いていました。そんなとき、炎天下の中にタンポポの種を見つけました。見るともなしに見ていると目の前を突風が吹き抜け、タンポポの種はほうぼうに散らばっていきました。水たまりに落ちる種もあれば、アスファルトの割れ目に落ちる種もありました。そしてまた、どこに飛んでいったかわからない種もあれば、よく肥えた土の上に落ちる種もありました。

そのとき、私たち人間の命もこのタンポポの種と同じなのではないだろうか、と思いました。もしあの世とやらがあるのなら、この人生という試合に参加する資格を得て、「頑張ってこいよ」と生を授かり、神さま仏さまが平等な息でふーっと吹いてこの地球という星に命を散りばめてくださった。それが私たち一人ひとりなのではないか。あるいは、自分から「この試合、頑張ってきます」と言って旅に出たのかもしれない、と。

いずれにしても、そうやってたまたま生まれ落ちたところが、自分が今置かれている環境なのだと思います。自分の境遇を顧《かえり》みて、神さま仏さまは不公平だとつい言ってしまうかもしれません。でも、おそらくそうではありません。この私たち一人ひとりの心の中には人を思いやる種があります。その種をはじけさせれば、二葉《ふたば》からはじまり、だんだんと大きくなって、やがて一本の木として天に向かってまっすぐに伸びていき、同時に、地に深く根を下ろし、立派な大木に育っていくように努力をし、立派な花を咲かせなければなりません。

その種を大きな木に育てるのか、あるいは、不平不満ばかり言って開花させることもなくあの世に行くのかは、一人ひとりの心のちょっとした心の転換にかかっています。頭ではわかっても何かに執われてしまうものですが、この執れから解き放たれた時、「今が一番幸せ。生まれてきてよかった」と感謝の心が生まれます。その感謝の心を導くために、人生という旅に出てくるのではないでしょうか。

大自然のルールに沿って生きる

最終的に行の中で行き着いたのは感謝の世界だと思います。大自然と自分が強い絆《きずな》で結ばれているということを改めて感じました。

行の間はいろんな世界のことを考えておりました。行そのもののこと、自分の内面的な問題、世の中のあり方、人間関係、大自然の営みなど、ありとあらゆるテーマが浮かんでまいりました。

しかし、そこで気づくことはいずれも当たり前のことばかりでした。生きるとは、信仰とは、決して哲学でもなければ学問でもないし、また、どんな苦しい行を行じたといってもそれだけではいけないと思いました。私は行の中で、そんなことを感じたことがあります。何百何十年前に誰々がこう言っていた、ああ言っていたとか、千回山に登ったではないのです。学問や行の中で得たものを生活の中でよく実践し人格を成長させてゆかねばならないものだと、自分が身をもって春夏秋冬の中で暑さ寒さを感じ、あるいは人間関係の中で辛さ苦しさを感じて、こうだったんだ、ああだったんだということをひとつずつ悟り、少しずつ成長させていただくのが人生ではなかろうかと思いました。

与えられた環境の中で、いろんな辛さ苦しさを味わい、その中から人生とは何か、真に生きるとは何かを考え、自分なりの答えを見出していくのが信仰であり、あるいは神仏の願いなのではないかな、と感じました。これはまさに今、私が一番大事にしている思いです。

だから苦行した人だけ、山で修行した人だけしか悟れないというものではありません。それぞれの生活の中で、それぞれに与えられた役目を果たしていく中で、心を研ぎ澄ませ、目を凝らし、耳を澄ましたとき、そこが大自然です。そこからいろんなことが感じ取れますし、いろいろなことが悟れると思います。

そんなことを山の中で感じさせていただき、山を下りて、里の皆さんと膝をつき合わせて、いろいろお話を聞かせていただきながら、共に心を磨いていければいいなと思いました。

心を込めて生きるから心が変わり、心を込めて語るから相手の心に伝わり、心を込めて行うからみんなが感動してくださる。信仰というのは難しいものなんだなぁと昔は思っていましたが、大自然の中で生活していると、お天道さまはいつも東から昇って、西に沈んでいきます。春夏秋冬は変わりない順番でめぐってまいります。大自然に抱かれ、大自然に守られて生活しておりますと、ひとつの定まった方向性のようなものに気づきます。

「善いことをすれば善いことが返ってくるし、悪いことをすれば悪いことが返ってくる」

ただそれだけのことなのです。そう考えれば、信仰というものは決して難しいもの山で修行した人だけしか悟れないというものではない。それぞれの生活の中で、それぞれに与えられた役目を果たしていく中で、心を研ぎ澄ませ、目を凝らし、耳を澄ませたとき、いろいろなことが悟れる。

ではありませんし、信仰イコール人生、人生イコール信仰ではないかと思います。そして、この授けられた命を精いっぱい生き、素直にやさしさや人を思いやる心を表現すること、それが神さま仏さまが私たちに願うことなのではないかと今の私は考えております。

心を込めて生きるから心が変わり、心を込めて語るから相手の心に伝わり、心を込めて行うからみんなが感動してくださる。

エピローグ　人生生涯小僧のこころ

原点に返る

「人生生涯小僧のこころ」――この言葉を常に深く掘り下げる日々でありたいと願っております。原点を忘れないことは大事ですが、忘れないだけでなく常に実践しているかどうか、実際の日常の生活の中で本当に原点に返っているかどうか、日々が挑戦です。努力です。

誰にでも小僧の時代は必ずあります。皆さんから何を言われても「はい」と謙虚に、皆さんが気持ちよくなるような元気な返事をして、勤行《ごんぎょう》に掃除に励む姿は見ているだけでも清々《すがすが》しいものです。

ところが年数が経《た》ちますと、小僧時代の生活スタイルと違ってきたり、なかなか素直な気持ちや情熱が出てこなかったりすると思います。言葉として「初心忘るべからず」「原点回帰」というのは簡単ですが、実際に現場に出て、腹をくくって小僧時代の生活に戻る覚悟をするのは大変なことであるように思います。ですが、それは当たり前のことであり、普通のことであり、僧であるならばまず大前提であると思います。

今朝もそうでしたが、朝四時半ぐらいからお寺の作務《さむ》がはじまります。お堂の扉を全部開けて、仏さまにお水と炊き上がったご飯をお供えします。それから修行僧と一緒に雑巾《ぞうきん》を持って堂内の掃除をさせていただきます。お灯明《とうみょう》に火をつけて、お線香をお供《そな》えして、六時の時報とともにお勤めの鐘が鳴ります。そこから修行僧とともに勤行がはじまります。その勤行も、住職が坐る一段高い場所ではなくて、小僧と一緒に板の間に坐って、自分でも太鼓や木魚《もくぎょ》を叩いて、法螺貝《ほらがい》も吹きます。今日より明日のお勤め、明日より明後日のお勤めと、限界ギリギリのところで常に全身全霊をかけて勤行に打ち込みます。十九歳の小僧になったばかりのときと何も変わっておりません。

七時になりますと朝ご飯をいただきます。朝ご飯は三百六十五日同じように、ご飯、味噌汁、お漬物、納豆、のり、梅干です。ご飯の支度《したく》もみんな順番でまわってくるので、私が当番のときもあります。茶碗も一緒に洗います。食べる場所も食堂で修行僧と一緒にいただきます。

ご飯のあと、みんなでお茶を飲んで一服しながら、

「今日はどういう仕事をしようか」

「今日は畑に肥料を入れようか」

「畑に種を植えようか」

「草刈りもしないといけないね」

と話し合い、八時過ぎからそれぞれ決められた作務にまわり、一日がはじまります。十九歳の生活となんら変わっておりません。小僧と同じ生活ですので、いまだに手にマメができたりして、「どうしてご住職なのに手にマメをつくっているんですか」と聞かれますが、これが自分の力の源です。

小僧の頃を思いながら、十九歳の頃の勢いで木魚や太鼓を叩き、大きな声を出し、昔を凌《しの》ぐような気迫で勤行に出ますと、冬でも汗が出てきます。そんな生活の中から

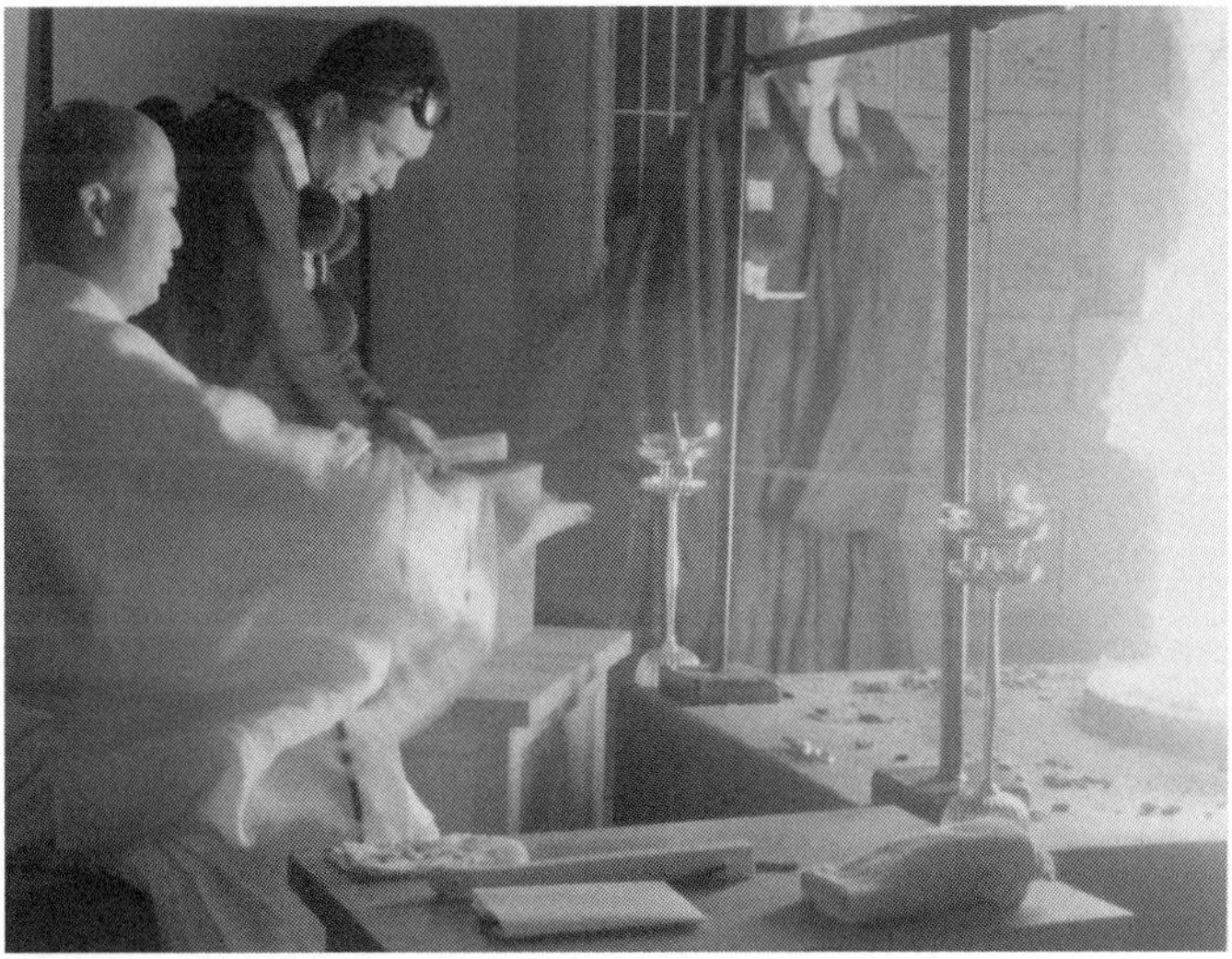

百日間、五穀と塩を断って八千枚の大護摩行に挑む（平成18年３月15日慈眼寺にて）

泉のようにいろいろなものが湧《わ》いてまいります。

一に勤行、二に掃除、三に追従《ついしょう》、四にあほうと申します。勤行、掃除、追従（人が喜ぶことを言う）までは誰でもできるのですが、四番目のあほう（自分を捨てる）にはなかなかなりきれません。自分の悪いところを指摘されると、どうしても感情を顔に出したり、言葉に出したりというのはあほうになりきれていない、つまり我があるということです。

勤行、掃除、人の言うことをちゃん

と聞いて、どんなことがあっても顔や声に出さずに「はい」と返事をする、これがお坊さんには一番大事な姿勢なのです。皆さんにお仕えさせていただき、そして心軽《かろ》やかになっていただければと、生涯、試行錯誤です。

お坊さんは何も偉くないと私は思います。普通の解釈では、神さま仏さまが一番上にいらして、神仏に仕えるお坊さんがいて、その下に一般衆生《しゅじょう》がいると考えられているようですが、大自然の中でちっぽけな自分の存在に気づかされてから、そう考えなくなりました。神さま仏さまがいて、一般衆生がいて、お坊さんは皆さんを下から受けとめてお手伝いさせていただく。これがお坊さんの本来のあり方ではないかと考えるようになりました。

「人を救う」といいますと、上から手を差し伸べてあげるという感じですが、迷っている人、力の出ない人、悩みを抱えている人たちの下からお手伝いをさせていただくことが、お坊さんにとって一番大事な心がまえではないかと感じています。その思いが自分の原動力となり、力の源になっています。

生きていく上で一番大切なもの

さまざまな行の中で私が感じた「人間が生きていく上で一番大事なもの」とは、「足ることを知ること」と「人を思いやること」の二つです。

「足ることを知る」というのは、与えられた環境をありがたく受け入れるということ。この環境は自分が神さま仏さまから授かったプレゼントだと思うことです。

たとえば、自分に与えられた生活が自分の希望と掛け離れた三十点のものだとしたとき、残りの七十点を求めて「もっと欲しい、もっとこうなりたい、どうして自分は不幸なんだ」と苦しみの中に自分自身を追いやってしまうと、卑屈になってしまいます。しかし、これが今の自分に授けられた最高のものなのだと思い、「三十点ももらってありがとうございます、○点よりいいです、何にもないよりありがたいです」と感謝の心を持つことにより、人生は大きく変わってくると思います。

大自然の母なる大地に抱かれているすべてのものは、自分を含め、たった一人だけで存在することは決してできません。空気も吸わなくてはなりませんし、水も飲まなくてはなりません。自分を取り巻くありとあらゆるものが相互関係によって絆を結び合っています。

そこで大事なのは、空気に対する感謝の気持ち、水に対する感謝の気持ち、お天道《てんとう》さまに対する感謝の気持ち、あるいは自分のまわりにいる家族、会社の同僚、友人知人、すべてのものに対する感謝の気持ちを持つこと。そしてそれに加えて愛情を持つことです。空気も吐くから吸えるように、愛情も与えることにより自分にも返ってきます。お互いが思いやりをやりとりしながら大自然の微妙なバランスの中で調和を保って生かさせていただいているということを、心に刻む必要があると思います。

呼吸が止まれば、生き物はあの世に行ってしまいます。食べる物を食べなければ、やはりあの世に行ってしまいます。肉体は食物を食べ、水を飲むことによって維持できるのですから、それらは生きるためになくてはならないものです。

愛情も同じです。おそらく、どんな辛《つら》い苦行でもいつも心が満たされていたのは、木々に対して愛情を抱き、虫一匹に対しても愛情をかけていたからだと思います。また、人と人、心と心の絆に守られ、そこに目には見えない心の呼吸があったのだと実感いたしております。

心を込めて日々を生きる

昔から私は早く年を取りたいと思っていました。いろいろな経験を積ませていただいて、落ち着きがあって押しも押されもせぬような素晴らしいお坊さんになりたいと思ったからです。

ところが最近になって、ある八十歳を過ぎたお方がこのようなことをおっしゃるのをお聞きしました。

「八十になっても己《おのれ》の至らなさに涙するばかりです」

この言葉を聞いた瞬間に「あぁそうか」と思いました。そして、それまで早く年を取りたいと思っていたのが、「早く年を取らなくてもいい」と切り替わったのです。

一日が終わって夜寝る前に布団《ふとん》の上に正坐して一日を反省すると、涙が滲《にじ》んでいるときもあります。これは十九歳の頃に人間関係に悩み、辛いこと苦しいことがあって夜な夜な一人で流した涙とはちょっと違う味の涙です。あの頃の苦しみに満ちたドロドロとした涙ではなく、サラサラサラと頬《ほお》を伝う涙です。

この涙は、今日よりも明日、明日よりも明後日と一日一日を精いっぱいに努力している証《あか》しです。

「人生って大変だなぁ。仏さまは自分の器以上のいろんな仕事をしなさいと無理難題を与えてくださる。でも、それはありがたいことだなぁ……。下手でも精いっぱいやらせていただこう」

そうやってすべてに感謝して、常に限界に近づいていこうとする姿勢があれば、自然と涙もこぼれてきます。この涙は、自分は謙虚で素直に頑張っているなというバロメーターになっているようにも思います。もし、これからこの涙が止まるような人生になれば、それはどこか力を抜いていたり、傲慢《ごうまん》な自分になっているのではないかと思います。

「八十になっても己の至らなさに涙するばかりです」という言葉を聞いた瞬間、八十歳になっても涙を流されているのだから、四十歳の自分が涙を流すのは当たり前だと思い、「早く年を取らなくてもいい。生涯努力だ。努力している限り、涙も流れ落ちるのだ」と思って、あせらなくなりました。

私が「今日より明日、明日より明後日」という目標を立てたのは、お坊さんになった初日、昭和六十二年五月七日の朝一番のお勤めに出たときでした。それが千日行、あるいは四無行に生かされてきました。行を終えた今現在も、「今日より明日、明日より明後日」と、いつもいつも過去最高の自分になれるように神仏に手を合わせ、祈っています。いつでもその気持ちを忘れずにおります。手の皮が厚くなりマメができているというのは、木魚を叩き、太鼓を叩き、自分の原点に返るという姿勢で日々頑張らせていただいている証しです。

朝起きて御仏《みほとけ》に手を合わせ、先祖に手を合わせ、善いことをして悪いことをしない。お天道さまが西の空に傾いたとき、「本当に今日もありがとうございました」と何事もなく過ぎた一日に感謝し、心の中で手を合わせる。

行を終えた今現在も、「今日より明日、明日より明後日」と、いつもいつも過去最高の自分になれるように神仏に手を合わせ、祈っています。

これが私たちが真に生きるということ、心を込めて生きるという信仰の姿です。この信仰こそがすべての原点なのではないかと私は思います。そのことを一人でも多くの皆さまにお伝えさせていただくために、毎日、精いっぱい勤めさせていただきたいと思っております。

心があればすべてが伝わっていくはずです。これからも「心を込めて生きる」という努力を惜しみません。

自然律に気づく

お坊さんになりたての十九、二十歳の頃は、自分が四十歳になったときにどういう心境になっているか想像がつきませんでした。実際に二十年が経ち、自分自身に現在の心境を問うならば、考えられないほど穏《おだ》やかであり、流れの中でありのままに生活させていただいている自分がおります。一方で、世の中に起こり来たるさまざまな出来事に対して常に努力し続けなくてはならないということは、二十年前と変わらないと思います。

昔、子どもの頃に親から世の中を生きるために躾《しつ》けられ、「実るほど頭《こうべ》の垂れる稲穂かな」と教えられたことがありました。また十九歳になって奈良に行けば、自分の師匠からいろいろなことを教わってきました。

二十歳の成人式を朝のお勤めが終わったあとに簡単にしていただきました。そのとき師匠からいただきました一枚の色紙には、

不将《おくらず》
不迎《むかえず》
応而《おうじて》
不蔵《ぞうぜず》

という言葉が書いてありました。過ぎ去ったことをくよくよしない、これから起こりうることに思い悩まない、そのときに応じて懸命に努める、今日一日を大切に生き

て、恨《うら》みや憎《にく》しみといった瞋恚《しんに》の感情を心に蔵《しま》い込んでおかない、ということです。

しかし、この言葉を師匠からいただいたときに深い世界で理解していたかというと、そうではありませんでした。悩み苦しみ、どうしてそうなんだろうともがき苦しんでいる修行時代がありました。

毎日一定の規則にしたがって同じ時刻に起きて、お勤めをして、掃除をいたします。毎日が同じことの繰り返しです。千日行においても毎日同じ山道を歩くという生活をさせていただきました。そんな中でいつも豊かで広く安らかな心で過ごすことができたかというと、どうだったでしょうか。ほめられることは一切ありませんでした。常に叱られていました。これも駄目、あれも駄目、そこがおかしい、ここがおかしい、と叩《たた》かれ続けた二十年であったような気がします。

それなのに、なぜこんなに穏やかな気持ちになれたのでしょうか。本当にいろいろなことがありました。まっすぐに生きようとしたために角が立ち、もしかすると自分のまわりの方たちを傷つけ、ご迷惑をおかけしてきたかもしれません。自分が正しいと思い、ただただ力強く突き進んできたがゆえに、痛い思いもし、辛い思いもし、苦しい思いもしました。これも運命といえば運命。あるいは波風のない運命を生きることができたかもしれません。しかし、真剣に悩み、真剣に苦しんだがゆえに、いつの日からかわかりませんけれども、まるで嵐が過ぎ去ったごとく、自分の心の中は非常に穏やかになっておりました。

若い頃は、自分が正しければ、自分が間違っていなければ、とだけ考えて、ただただ何もわからず修行をしていたように思います。それによって知らず知らずのうちに人を傷つけたりしたかもしれません。しかし、己のいたらなさに気がつき、人の痛み、人の苦しみというものが最近ようやくわかりかけてきたような気がいたします。これがおそらく自然の律というものだと思います。自然には自然の法則があるということが少しずつわかってきました。

ある一定の決まった法則にしたがって毎日同じことを繰り返す修行は、確かに苦しいかもしれません。しかし、苦しむために行ずるのではありません。自然律という、この大自然のありのままの法則に気づくために、ある一定の期間、決められた規則にしたがい、修行という生活をさせていただく。そして少しずつ自分の悪いところ、悪い心を削って自然に近い形に気づく、そのために修行というものがあるのだと思います。人生という修行におきましても、母親のお腹の中で優しい羊水につつまれた世界から、この世に生を授かるために、母子共に命懸けで苦しみを乗り越えてはじめて喜びを得ることができます。苦しいゆえに母と子の絆が深まります。

人生も何不自由ない生活では、感謝や反省の心が出てきません。苦しい修行があってこそ、そこに神仏との絆が深まるのだと思います。親が子を育てるのに何の見返りも求めないように、大自然が、神とか仏とか呼ばれる存在が、見返りを求めたことがあるでしょうか。私はおそらく親の心だと思います。親が子を思う、子が親を思う絆こそ、大自然の律であり、信仰の原点であると思うのです。

また、流れにしたがって生きていくということは大事だと思います。決定的に自分の生き方が変わったとき、決して自分から「ああしよう」「こうしよう」としない生き方になってきておりました。できるだけ自然の流れにしたがい生きていこうと心がけるようになりました。つい自分の気持ちが高まり、あれもしたいこれもしたいという気持ちが出たときには、それを抑えます。そして目の前に出会った人、目の前に来た仕事というものに徹底的に心を込めてお仕えさせていただくようになりました。このような生き方に、この二十年間で変わってきたような気がいたします。

先日、師匠と日本の仏教についてのお話になりましたときに、いろいろと難しい論議になってしまいましたが、そのとき私が一言申し上げたことで師匠がお腹を抱えて笑われました。

「いろいろな仏教の学問的なお話をさせていただきましたけれども、うちの村、うちの山では仏教学のことは何も知らなくてもみんなニコニコ幸せに暮らしております」

そう申し上げた私の一言に、師匠は「そうや、そうや」と大笑いなさいました。

確かに難しい理論もあると思いますが、宗教とは、あるいは信仰とは、行を積むとか知識を頭により多く詰め込むとかではなく、生活そのものであり、そんなに難しくなくわかりやすいものだと思います。簡単なものなら修行しなくてもいいのではという非難もあるかもしれません。しかし、そこに尊さを感じる心が備わっていれば、難しく考える必要はないと思います。自分にも親があるように、この自分を含めた大自然をつくりあげた存在に対し、心より尊ぶ心を持つことにより、自然と手が合わさります。厳しくもあり、優しくもある、神秘的な存在を感じつつ、感謝の気持ちを持ち生活すること、他を思いやり、足ることを知るルールを守れば、大自然は決して怒りません。非常にわかりやすく簡単ではありますが、三歳の童子にもわかることですが、百歳の老翁も行うことができない最大至難でもあります。

結局、真実に生きるという姿勢が一番大切なのではないかと思います。悪しき心を持って生活していれば、自然とその人の体からは悪い雰囲気が出るようになってしまいます。良い心がけで生きるということを実践している人の体からは、非常に良い雰囲気が出てみんなから慕《した》われます。

いろいろな迷い、苦しみというものを抱えての私たちの生活ですけれども、何ゆえに迷い、何ゆえに苦しんでいたのかということを自分自身の過去を振り返ってみたときに、心の中で自分自身を都合のいい場所に置き、都合よく事が運ぶように考えて、それが思い通りにならないと、まるで被害者のごとく悩み苦しんでいたわがままな自分がいたように思います。そんな自分に懺悔《さんげ》して、反省という方向に心が動いたとき、迷いや苦しみは、結局自分の心がつくっていたのだと気がつきました。そしてやっとその迷いや苦しみから抜け出ることができたように思います。それは「真に生きる」という道を少しずつ歩みはじめたということではなかろうかと思う次第であります。

昔と比べて何ら環境が変わったわけではありませんでした。今の流れの中でありのままに生きることができるようになったとき、遥か彼方《かなた》にあるものだと思っていた答えが目の前にあることに気づき、本当に心の中が穏《おだ》やかな気持ちになりました。これが一番の幸せです。それに勝る人生の幸せはないと思います。とても大変で困難な時代であると言われておりますが、もう駄目だと心をふさぎこんでも答えは出ません。百パーセント駄目ということはありえません。九十九パーセント駄目だといわれていても、一パーセントでも可能性があれば挑戦し続けるべきです。一パーセントとは生きているという可能性です。「どうしたらいいのかわからない」といって何もしないのと、一歩前に出てわからないことが出るのでは同じわからないでも意味が違います。

人生とは常に挫折と挑戦の繰り返しです。上手でも下手でも心を込めて実践することに人生の意義があるように思います。みんなで幸せになれるように、それぞれが自分のできる範囲内で努力していけば、必ず道は開けると信じております。

著者略歴

塩沼亮潤（しおぬま・りょうじゅん）

昭和43年仙台市生まれ。61年東北高校卒業。62年吉野山金峯山寺で出家得度。平成３年大峯百日回峰行満行。11年吉野・金峯山寺1300年の歴史で２人目となる大峯千日回峰行満行を果たす。12年四無行満行。18年八千枚大護摩供満行。

現在、仙台市秋保・慈眼寺住職。大峯千日回峰行大行満大阿闍梨。著書に『人生の歩き方』『毎日が小さな修行』（ともに致知出版社）など多数。

人生生涯小僧のこころ

平成二十年三月十日第 一 刷発行
令和 六 年三月五日第二十四刷発行

著　者　塩沼　亮潤
発行者　藤尾　秀昭
発行所　致知出版社
〒150-0001東京都渋谷区神宮前四の二十四の九
TEL（〇三）三七九六―二一一一
印刷・製本　中央精版印刷

ISBN978-4-88474-803-6 C0095
ホームページ　https://www.chichi.co.jp
Eメール　books@chichi.co.jp